Pierre Affre

BIG GAME FISHING

Un siècle de pêche au "tout gros" raconté
par le Big Game Fishing Club de France

Illustration et crédit photographique
Pierre Affre, BGFCF, Pierre Clostermann, Yann Colas, Michel Delaunay, Jules Drouot, Bernard Dufour, Jean Marc Fromentin, Marc Giraud, Adrian Gray, Guy Harvey, O. Heredia, IGFA, Daniel Lopuszanski, Michel Marchandise, Jacques Montupet, Vava Pouquet, Marcel Prot, Jason Schratwieser, Jean Claude Vibert.

© 2015 - Les Editions du Rail. Quai des plumes
11, rue de Milan
75440 Paris cedex
Réalisation : Yvan Daviddi

Dépôt Légal : 4ᵉ trimestre 2015
ISBN 978-2-37062-030-9

Pierre Affre

BIG GAME FISHING

Un siècle de pêche au "tout gros" raconté
par le Big Game Fishing Club de France

Avant propos

Une mer pour nos enfants !

Au-delà de notre passion pour la pêche sportive c'est bien de notre passion pour les océans, derniers lieux sauvages de la planète et de la défense de ces milieux et de leurs habitants, qu'il s'agit. C'est en Floride, en Californie, sur les côtes australiennes ou du Costa Rica, là où les pêches industrielles aux filets ou aux palangres sont interdites, que la biodiversité marine existe de nouveau dans tout son foisonnement, depuis les plus petits crustacés ou mollusques pour aboutir en bout de chaîne aux grands poissons et mammifères marins super-prédateurs.

Si nous ne les pêchions pas, nous ne saurions même pas que les grands poissons pélagiques que sont les marlins, les thons ou les espadons existent. C'est pour les avoir tenus, au bout de nos lignes, avoir ressenti dans nos muscles toute leur puissance et admiré leur beauté, que nous sommes aujourd'hui, leurs plus ardents défenseurs. Nous ne les tuons plus pour les manger et en leur rendant leur liberté nous sublimons un acte de capture, qui depuis Cro Magnon sommeille encore chez certains d'entre nous. Et surtout nous donnons à nos enfants une chance supplémentaire de vivre un jour les mêmes émotions.

– I –
Big game saga

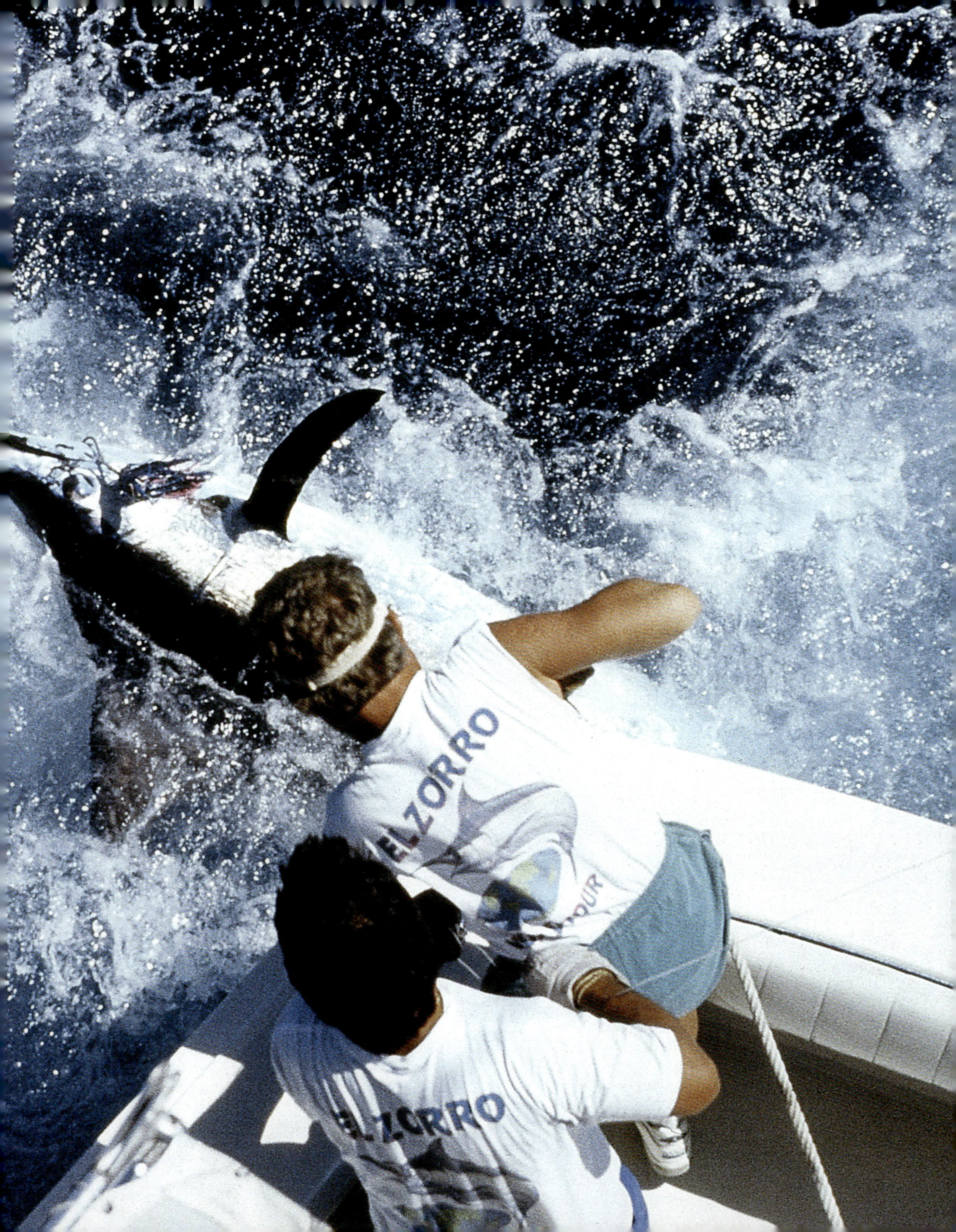
ELZORRO
ELZORRO

En 1914 un pêcheur anglais Mitchell-Henri capture en Nouvelle Écosse, alors colonie britannique le premier grand thon de l'histoire du Big Game… Ce poisson de 720 livres, ne sera battu que dix ans plus tard dans les mêmes eaux, par Zane Grey.

Chapitre 1

Un siècle de tout gros

C'est en Californie le 1ᵉʳ juin 1898, que fut capturé à la canne et au moulinet, le premier « tout gros » de l'Histoire. Il s'agissait d'un thon rouge de 183 livres anglaises, et l'heureux pêcheur Charles F. Holder, fonda l'année suivante avec quelques adeptes de ce nouveau sport, le Catalina Tuna Club, du nom de l'île au large de laquelle cette capture avait été réalisée. Et ce que Frederic Halford en Angleterre, quelques années auparavant, avait apporté à la pêche à la truite en la transformant en loisir de gentlemen, les très aisés « sportsmen » du Catalina club le firent pour la pêche au gros, en édictant eux aussi des règles très strictes que tous les membres devaient s'engager à respecter.

Ce n'était plus tant la capture qui comptait, mais la façon dont celle-ci avait été réalisée. Pour devenir membre du Catalina, il convenait d'avoir capturé selon les règles – c'est-à-dire avec une canne légère et une ligne de 24 brins au maximum – un thon de plus de cent livres. Les lignes de l'époque étaient en lin tressé qu'il fallait rincer à l'eau douce, dérouler et soigneusement faire sécher après chaque partie de pêche. Une ligne de 24 brins avait une résistance d'environ 50 livres et ces « merveilleux fous pêchant » sur leurs drôles de barques, s'attaquèrent dès le départ aux deux espèces de poissons encore considérées aujourd'hui comme les plus combatives : le thon rouge et l'espadon. Le véritable handicap était représenté par le freinage du poisson qui une fois ferré, prenait le large à toutes nageoires, car les moulinets de l'époque, n'étaient que de grosses bobines, affublées d'une manivelle et contenant 300 à 400 mètres de ligne. Et cette manivelle, tournant en sens inverse à la vitesse que l'on peut imaginer quand le thon prenait la fuite, le pêcheur n'avait alors pour seule ressource que de presser fortement une pièce de cuir sur la bobine avec sa main droite, dans le but de ralentir suffisamment la rotation de la bobine afin que sa main gauche puisse se saisir de la manivelle. Les phalanges, voire les poignets cassés à ce jeu ne se comptaient plus et à Los Angeles, on disait reconnaître les distingués membres du Catalina Tuna Club à leur main gauche plâtrée un mois sur deux !

Au cours des années trente, Le très british colonel Peel captura plusieurs dizaines de grands thons, au large de la petite cité balnéaire de Scarborough.

Les pionniers du Catalina Tuna Club ne se découragèrent pas pour autant et d'ailleurs, très vite, l'un d'eux, William Boschen, sans doute agacé par l'inaction forcée, que ces doigts plâtrés entraînaient, inventa en 1911, le premier moulinet avec frein incorporé, à peu près tel, du moins sur le principe, que nous le connaissons aujourd'hui. Et pour prouver le bon fonctionnement de sa machine, il captura le premier espadon de l'histoire du « Big Game », un splendide spécimen de 358 livres. Le premier qui entra dans la légend et qui devait être suivi par les Zane Grey, Lerner, Hemingway, Farrington et pour la France Pierre Clostermann.
Au Catalina, on était entre gentlemen, mais très vite, dès les années trente, l'engouement outre-atlantique, pour le « Big game fishing », avait fait tant d'adeptes, dont beaucoup ne voyaient dans ce sport qu'un moyen de se propulser dans la haute société américaine, qu'il convint très vite d'y séparer le bon grain de l'ivraie. Hemingway qui n'aimait pas les tricheurs, pressentit le premier la nécessité de règles internationales cette fois, applicables à tous, et donc d'un organisme capable de les faire appliquer et respecter. L'Igfa (International Game Fish Association) était née et Hemingway en fut d'ailleurs le premier vice-président.

Chapitre 2

Ils ont écrit la légende du Big Game

❦

Je vous parle d'un temps où la pêche des grands poissons de mer était, bien plus qu'aujourd'hui une aventure harassante et incertaine. Les combats contre les géants des mers des débuts du siècle dernier pouvaient durer des jours entiers et se terminaient très souvent par la défaite du pêcheur. Les thons, les espadons, les marlins s'affrontaient avec des matériels à la fois très lourds et bien moins performants que ceux d'aujourd'hui. Les cannes, les moulinets, les fils ne résistaient pas toujours aux rushes de ces monstres qui pouvaient sonder à plusieurs centaines de mètres de la surface ou placer des démarrages dignes d'une formule 1.
De nos jours même les bateaux, surtout les bateaux, par leur puissance, leur maniabilité, et leur vitesse ne laissent guère de chance - pour peu qu'ils soient bien pilotés - au plus fougueux des espadons. Les progrès de la technologie ont été tels que certains parmi les grands anciens ont pu regretter la belle époque des luttes homériques contre des adversaires qu'on combattait à armes presque égales.

À bord du Pilar, Papa admire un marlin bleu de 400 livres, pris au large de La Havane, qui sur une petite canne ne s'est rendu qu'au bout de six heures.

Hemingway (1899 - 1961)

En 1949 Derrydale Press à New York édite *American Big Game Fishing* une contribution de dix auteurs sur la pêche « au gros » aux États-Unis. Hemingway accepte d'écrire le chapitre sur la pêche à Cuba. Un de ses amis et co-auteur de l'ouvrage Kip Farrington racontera plus tard : « Pour réaliser ce travail nous avons tous touché un chèque de 75 $, un exemplaire de l'édition de luxe à 75 $ et deux de l'édition à 25 $. Nous étions persuadés qu'Ernest, au sommet de sa gloire littéraire, avait demandé au moins 5 000 $ pour sa participation. Mais pas du tout, il fut payé comme nous et donna son chèque à sa sténographe ». De nombreux spécialistes considèrent que la vingtaine de pages écrites à cette occasion est à classer parmi les meilleures d'Hemingway. En voici le début :
« Les gens vous demandent pourquoi vous habitez à Cuba et vous leur répondez que c'est parce que vous aimez cet endroit. Vous pourriez leur dire que vous avez choisi de vivre là parce que vous avez seulement besoin d'enfiler une paire d'espadrilles pour aller en ville et qu'il vous est possible de ne pas répondre au téléphone si vous avez décidé de travailler et que vous écrivez aussi bien dans la fraîcheur des petits matins de La Havane que n'importe où ailleurs dans le monde. Mais ce sont là des secrets professionnels. Il y a beaucoup d'autres raisons que vous ne leur donnez pas, mais s'ils vous parlent de la pêche au saumon et de ce qu'il leur en coûte pour pêcher la Restigouche, alors, s'ils n'ont pas trop parlé de combien ça leur coûte et s'ils ont bien parlé, avec passion du saumon, vous leur dites que la principale raison de votre présence à Cuba, c'est la grande rivière bleue, profonde de deux mille mètres au moins et large de quatre-vingts à cent vingt kilomètres, que vous pouvez rejoindre en trente minutes depuis la porte de votre maison, et qui quand le courant est bon, surpasse pour la pêche tout ce que vous avez connu jusque-là. Quand le Gulf Stream coule à plein bord, sa couleur est bleu foncé et il y a des remous énormes sur ses côtés. Nous pêchons depuis un cabin cruiser de quarante pieds, équipé de tangons assez forts pour supporter des appâts d'au moins dix livres en été et généralement nous traînons quatre appâts. »
Ernest Miller Hemingway est né le 21 juillet 1899 à Oak Park dans l'Illinois. Dès l'âge de quatre ans il fait partie de la section locale du Club Agassiz, dont son père le Docteur Clarence Hemingway est le président et qui a pour objet l'histoire naturelle des poissons. Le jeune Ernest était très fier d'appartenir à ce Club et en restera un membre actif de nombreuses années. En septembre 1910, à l'occasion d'un séjour sur l'île de Nantucket où il pêche le bar rayé et le maquereau, il ramènera pour la collection du Club une épée d'espadon. Mais ces véritables premières armes de pêcheur, c'est en eau douce, dans les ruisseaux et les lacs du nord du Michigan, où son père l'emmenait souvent, qu'il les fit. Les souvenirs de pêche à la truite, ou plutôt au saumon de fontaine (*salvelinus fontinalis*), de sa jeunesse ont donné matière à de nombreuses nouvelles comme « La rivière au cœur double » ou les histoires (autobiographiques) de Nick Adams, publiées entre 1922 et 1933. Lors de

En 1959, le vainqueur de la première coupe Hemingway, remise par Papa lui-même, fut Fidel Castro qui avait fait équipe avec Che Guevara.

son premier séjour à Paris, comme correspondant étranger du Toronto Star, il écrira au hasard de ses voyages à travers l'Europe, plusieurs reportages sur la pêche : Tuna fishing in Spain (La pêche du thon en Espagne) février 1922, Fishing the Rhône canal (La pêche dans le canal du Rhône) juin 1922, Trout fishing in Europe (La pêche de la truite en Europe) novembre 1923. Dans cet article, après avoir brièvement commenté la pêche de la truite en Normandie, dans « une rivière polluée par la proximité de Deauville… » (certainement la Touques), Hemingway, dans son style journalistique percutant affirmait : « la véritable pêche de la truite en Europe, est en Espagne, en Allemagne et en Suisse. » On frémit quand on pense à ce qu'il pourrait écrire de la pêche à la truite en France aujourd'hui !

La grande aventure et passion d'Hemingway pour la pêche en mer commença réellement en 1928 quand son ami romancier et également pêcheur, John Dos Passos, le persuada de venir le retrouver à Key West. L'écrivain commençait à être connu, car la parution, l'année précédente de son livre The sun also rises (Le soleil se lève aussi) avait été un succès immédiat. Tout de suite, Hemingway adora Key West, qui à l'époque n'était qu'une grosse bourgade de pêcheurs au charme colonial. Dos Passos lui fit prendre son premier sailfish et ses premiers tarpons, et deux années plus tard avec l'argent de *L'Adieu aux armes* publié en 1929, Hemingway achetait à Key West, une magnifique maison de style colonial espagnol, qui est aujourd'hui transformée en musée. En 1932 il fit son premier voyage à Cuba, traversant le Gulf Stream dans le petit bateau de Joe Russel, le patron quelque peu contrebandier du fameux bar de Key West : Sloppy Joe. Hemingway ne découvrit pas seulement la grande île mais également ses marlins… Le Gulf Stream et les grands prédateurs à rostre qui chassent dans ses eaux bleues, allaient se révéler un véritable challenge pour lui. En l'espace de trois brèves saisons de pêche, il était devenu certainement le meilleur spécialiste de la pêche de ces grands poissons. En 1932, lors de sa première visite à Cuba, il prit 19 marlins (bleus et rayés), en 1933 il en captura 34 et en 1934 une cinquantaine. Cette année-là, il publia une étude scientifique sur les poissons de cette famille, qui encore aujourd'hui, fait autorité pour cette partie du monde. Remarquons ici au passage que le fantastique grand poisson du *Vieil Homme et la Mer*, n'était pas un espadon, ainsi transformé par un coup de dictionnaire magique de la N.R.F. mais un marlin noir géant comme il en rode réellement dans les eaux sombres du Gulf Stream. C'est d'ailleurs au début des années trente, soit environ vingt ans avant que cela ne devienne le sujet du *Vieil homme et la mer* qu'Hemingway entendit parler de la mésaventure arrivée à un vieux pêcheur cubain, qui en combattant un marlin gigantesque avait été entraîné pendant deux jours et deux nuits dans le Gulf Stream. Quand il put finalement harponner son poisson, les requins commencèrent la curée. Le vieil homme fut retrouvé par d'autres pêcheurs, à moitié mort de soif, délirant dans son bateau et les requins tournaient toujours autour de la barque.

En 1935 Hemingway effectue son premier voyage de pêche à Bimini et Cat Cay, toutes petites îles des Bahamas, situées de l'autre côté du Gulf Stream. En fait depuis plusieurs années, il avait entendu des rumeurs de *horse mackerel* (maquereaux grands comme des chevaux), que personne n'arrivait à capturer avec une canne et un moulinet, mais les tarpons de Key West et surtout les marlins de Cuba, l'avaient tenu éloigné de ces poissons. En avril 1935, en bon naturaliste, il décida d'en avoir le cœur net. Ne parlait-on pas de Wahoos géants ou même d'une espèce de super-scombre encore inconnu des scientifiques, et qui détruisaient tout en matière de matériel de pêche, dès qu'ils étaient ferrés. Un nouveau challenge, qui n'était pas fait pour lui déplaire. Après avoir perdu plusieurs grands thons, car c'était bien de thons rouges (Thunnus thynnus) qu'il s'agissait, par casse (cannes et lignes), Hemingway réussit à amener à la gaffe, les deux premiers thons (310 et 381 livres) pris sportivement dans les eaux des Bahamas et qui ne soient pas mutilés par les squales. Avec le matériel de l'époque, il fallait une condition physique exceptionnelle et une bonne technique de la pêche au gros pour prendre rapidement de tels poissons. L'année suivante, le Big Game Fishing allait réellement prendre son essor, avec la venue au printemps à Bimini, de Michael Lerner et de Kip Farington qui avec Hemingway allaient édicter les règles de la grande pêche sportive et créer l'I.G.F.A. Ernest Hemingway fut le premier vice-président de la prestigieuse organisation et le resta jusqu'à sa mort en 1961.

Au large de la Nouvelle-Zélande, Zane Grey combat « à la régulière » un grand espadon Xiphias.

Zane Grey (1872-1939)

Contemporain d'Hemingway, écrivain à succès comme lui, mais plutôt dans le genre roman d'aventures du Far West façon romans de gare. Zane Grey est devenu l'un des premiers auteurs millionnaires. Il est l'auteur de plus de 90 livres, dont certains publiés à titre posthume ou basés sur des articles publiés à l'origine dans des magazines de chasse et de pêche. Ses ventes totales de livres dépassent les 40 millions d'exemplaires.
Pourtant ses débuts en tant qu'écrivain furent laborieux. C'est parce qu'il abhorrait son métier de dentiste qu'il se lança tout d'abord dans l'écriture de ses aventures de pêche. Au grand désespoir de son père, dentiste de renom, Zane Grey abandonna au bout de trois ans son cabinet new-yorkais, pour se consacrer cette fois à l'écriture d'un nouveau genre, très apprécié au début du XXe siècle aux États-Unis : les histoires et légendes du Far West. De 1916 à 1926, Grey fut tous les ans dans la liste des best-sellers, ce qui nécessitait des ventes de plus de 100 000 exemplaires chaque fois.
Auteur à succès. Comme Hemingway, il se levait très tôt et écrivait jusqu'en milieu ou fin de matinée, pour retrouver ensuite sa famille ou ses amis et consacrer le reste de la journée à la chasse ou à la pêche. Sa plume fut si prolifique que même après sa mort, en 1939, son éditeur la maison Harper, avait un tel stock de manuscrits, qu'à raison d'un titre par an, elle continua à publier un nouveau chaque année jusqu'en 1963. Mais s'il gagna énormément d'argent avec ses droits d'auteur, c'est surtout son association avec la toute jeune industrie cinématographique à Hollywood, qui lui assura une immense fortune en droits d'adaptations. Plus de cinquante de ses romans « Far West » furent adaptés à l'écran soit par la Fox ou par la Paramount, et donnèrent naissance à plus de cent films, muets puis parlants…
Avec tout cet argent Grey, allait pouvoir financer sa vraie passion : la pêche. Quand il arrachait des dents à New York, il consacrait déjà tous ses week-ends avec son frère, à aller pêcher la truite à la mouche dans la Delaware et en Pennsylvanie. Mais c'est son association avec Hollywood, qui une dizaine d'années plus tard, allait lui faire découvrir l'île de Santa Catalina, là où la pêche au gros avait réellement été inventée en 1898, avec la création du très chic et sélect « Thon Club de Catalina ». Située au large de Los Angeles, cette île de magnats et de milliardaires, était entourée à l'époque par les eaux extrêmement poissonneuses du Pacifique. Zane Grey d'ailleurs, dans ses écrits comparait les gigantesques bancs de thons qu'on voyait chasser en surface à des kilomètres à la ronde autour des bateaux, aux immenses troupeaux de bisons qu'un demi-siècle plus tôt, Buffalo Bill décrivait dans les grandes plaines.
Mais il n'y avait pas que les thons autour de Catalina, l'océan regorgeait aussi de marlins et surtout d'espadons xiphias. Et pour Zane Grey qui avait pourtant capturé en Nouvelle Écosse un thon géant de 758 livres (record du monde en 1924) et à Tahiti un marlin de plus de mille livres, le plus valeureux adversaire de tous les océans était sans contestation possible, le véritable espadon Xiphias gladius. Ce poisson lui valut ses plus grands succès et du moins au début, l'estime et le respect de ses pairs, membres du Tuna Club de Catalina. Il devint en fait obsédé par ce poisson et acheta une immense maison sur l'île (aujourd'hui transformée en hôtel portant son nom) pour pouvoir le pêcher tout au long de l'année. En 1920, il nous dit qu'en 93 jours de pêche à l'Espadon, il en aperçut 140,

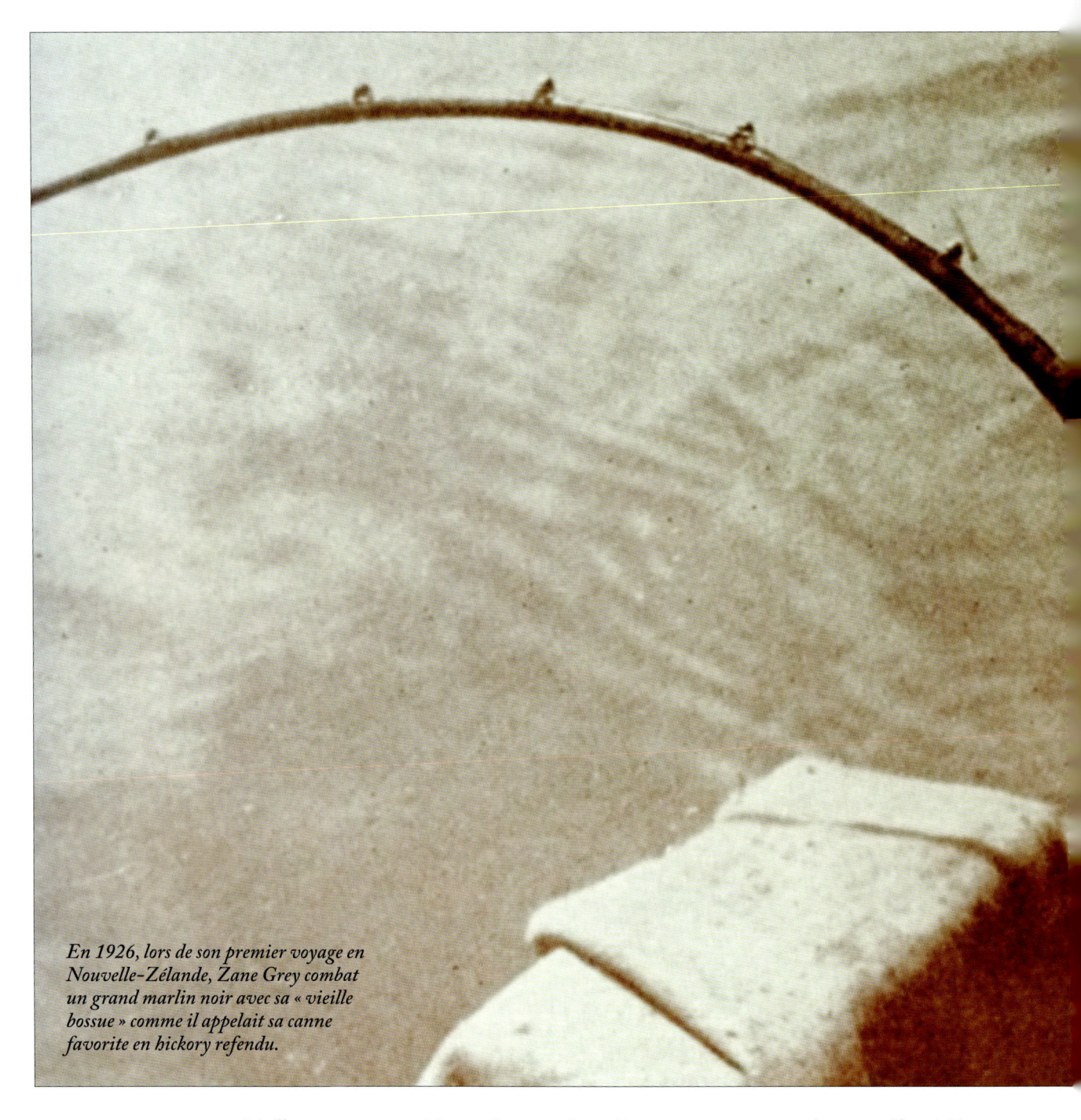

En 1926, lors de son premier voyage en Nouvelle-Zélande, Zane Grey combat un grand marlin noir avec sa « vieille bossue » comme il appelait sa canne favorite en hickory refendu.

présenta ses appâts à 94 d'entre eux, eut 11 touches, en ferra 7, mais ne réussit qu'à en gaffer 4. Par rapport à d'autres pêcheurs, membres ou invités du Tuna Club, il faut reconnaître qu'il ne fut pas très chanceux comparé à d'autres bien souvent débutants dans la pêche au gros, dont certains capturèrent des espadons en recherchant un thon ou un marlin. Pourtant, Zane Grey, avait spécialement équipé son bateau, dont le nom Gladiator, faisant bien évidemment référence à ce poisson (Xiphias gladius), pour ne rien laisser au hasard dans cette quête. Une plate-forme sur laquelle un guetteur (très souvent lui-même) pouvait se tenir, avait été installée à mi-mât, afin de repérer de plus loin, les espadons quand ils se prélassent en surface, leur dorsale et le lobe supérieur de leur caudale, nettement visibles au-dessus de la surface par mer calme. Depuis cette plate-forme surélevée, il pouvait également présenter beaucoup plus efficacement et de plus loin, ses appâts devant les poissons repérés, ce qui lui permettait d'enregistrer plus de touches que les autres bateaux. Il insistait tout particulièrement sur la fraîcheur des appâts (calmars ou poissons volants) qu'il faisait passer sous le nez des espadons. Il racontait à tous ceux qui voulaient bien l'écouter, comment il s'entraînait à ramer tous les jours en hiver, pour que ses muscles soient en forme au printemps et en été quand les espadons apparaissaient en surface, et comment il trempait ses mains dans l'eau de mer, pour les durcir et les tanner en vue des futurs combats.

En 1921, il captura son plus gros espadon qui pesait 418 livres (le deuxième plus gros jamais capturé à Catalina) et de nombreux membres le félicitèrent, mais quand quelques semaines plus tard, un petit

L'ancien yacht du Kaiser Guillaume II qu'il avait racheté, servait à Zane Grey de « bateau-mère » pour ses expéditions dans le Pacifique sud. Ici à l'ancre à Tahiti, en 1928.

bout de femme pesant moins de 45 kg, épouse d'un des membres du Club, Mrs Spalding ramena au dock un espadon de 426 livres, Zane Grey « péta un plomb ». Il est vrai que ce soir-là, de nombreux membres du club lui téléphonèrent pour lui demander s'il savait combien de milles nautiques à la rame madame Spalding avait effectués, durant l'hiver et pourquoi plutôt que tremper ses mains dans la saumure, cette dame préférait les entretenir avec des crèmes anti-rides. Dès le lendemain, il prétendit qu'il était impossible qu'un tel poisson ait été pris par cette femme, du moins selon les règles du Club, il avait forcément fallu qu'elle fût aidée durant le combat, par un des membres de l'équipage. De nombreux membres du Club, qui n'aimaient pas l'arrogance de Zane Grey, n'attendaient que cet incident pour lui demander de s'excuser ou de démissionner. Il fit les deux, et s'il continua à pêcher les eaux de Santa Catalina, il ne remit jamais les pieds dans les salons du plus fameux et sélect club de pêche du monde à l'époque.

Il n'empêche que Zane Grey fut probablement, immédiatement après la fin de la première guerre mondiale et jusqu'au début des années trente, et avant l'émergence des Hemingway, Lerner et Farrington, le plus talentueux pêcheur de tous les océans et de cette époque. Pour rester avec les espadons au large de Catalina, il y captura en quelques années, à bord de son bateau Gladiator, 24 espadons et en fit prendre 18 à son frère, ce qui en pêche de jour, sur des poissons repérés en surface, constitue encore aujourd'hui, un exploit inégalé. Et puisqu'on ne voulait plus de lui au Tuna Club et dans les eaux de Californie, il allait grâce à son immense fortune parcourir les eaux des mers de la planète, et montrer au monde entier (en faisant filmer ses exploits lointains par une équipe de cameramen d'Hollywood) ce qu'il savait le mieux faire (en dehors d'écrire des best-sellers), capturer à la canne et au moulinet, les plus grands poissons des océans. Il racheta l'énorme yacht à voile et moteur commandé par le kaiser Guillaume II aux ateliers Krupp et s'en servit comme bateau-mère pour ses expéditions lointaines. Il commanda à la maison anglaise Hardy de lui fabriquer les meilleurs et plus robustes moulinets de pêche au gros, moulinets qui portent d'ailleurs encore son nom, embarqua des douzaines de cannes en bambou ou hickory refendu des meilleurs artisans, des centaines de kilomètres de ligne en lin tressé, des milliers d'hameçons et de bas de ligne… Ainsi équipé, Zane Grey en compagnie de son frère puis de ses fils quand ils furent en âge de le suivre, allait explorer (personne n'y avait pêché sportivement avant lui) les eaux de la grande barrière australienne, puis la Nouvelle-Zélande en 1926 où les films et photos de ses captures nous font encore rêver aujourd'hui.

Entre deux sorties en mer, ici en Nouvelle-Zélande, Zane Grey travaille sur un nouveau roman western ou sur une adaptation de scénario pour Hollywood.

En 1928 il capture à Tahiti, un gigantesque marlin bleu pesant encore 1 040 livres après que les requins le long du bateau n'en aient arraché au moins 200 livres de chair… Ce qui en fait le premier poisson de plus de mille livres jamais capturé à la canne et au moulinet. Mais en vrai et passionné pêcheur, Zane Grey ne pêchait pas que le « tout gros ». Il fut dans le golfe du Mexique, dès 1906 l'un des pionniers de la pêche du tarpon sur ligne légère. Dans les années vingt il pêche tous les hivers dans les keys de Floride, le bonefish à la mouche. Dans l'Orégon (rivière Umpqua) et le nord de la Californie il est encore aujourd'hui considéré comme un des meilleurs pêcheurs à la mouche de steelheads et de saumons pacifiques. En Nouvelle-Zélande il fut l'un des premiers pêcheurs de grosses truites à la mouche. Pour en savoir plus sur les exploits de ce pêcheur complet, qui d'après ses frères et son épouse, pendant trente ans pêcha en moyenne 300 jours par an, je ne saurais trop vous conseiller de lire la douzaine de gros livres et les très nombreux articles qui relatent ses aventures aux quatre coins du monde avec une canne à mouche à truite ou une trique à marlin à la main.

À bord de cette petite barque, avec pour seul moteur, une paire de rames, Pierre Clostermann combat depuis déjà dix heures, un grand espadon de Sesimbra, qui finira par se décrocher. De la vraie pêche sportive, à la régulière !

Pierre Clostermann (1921-2006)

Le général de Gaulle l'avait décoré comme premier chasseur de France, mais au sein du BGFCF qu'il avait fondé, comme au sein de l'IGFA dont il fut administrateur, Pierre Clostermann revendiquait encore plus le titre de premier pêcheur de France et probablement d'Europe. Ses combats n'étaient plus aériens et vrombissants, menés à bord de son Spitfire Tempest, mais c'est sur l'eau, qu'il les engagea pendant plus d'un demi-siècle à partir de superbes yachts, de simples barcasses comme à Sesimbra, ou les pieds plantés dans le sable comme à Nouadhibou. Car Pierre Clostermann pêchait partout dans le monde, tout ce qui porte écailles et nageoires, que ce soit en eau douce ou dans les océans.

Des brochets ou capitaines africains aux plus énormes marlins australiens, des truites normandes aux grands requins blancs, des thons de Bimini aux tarpons de Sierra Leone (dont il détient toujours un record du monde), il parcourut la planète avec ses cannes et ses moulinets.

Mais comme Zane Grey, son « poisson de cœur » fut le véritable espadon : Xiphias gladius. Même s'il n'en captura que sept en plus de trente années de traque, ces poissons combattus à la loyale, mano a mano, valaient pour lui, plus que tous les autres. Je me souviens d'ailleurs quand je l'ai rencontré pour la première fois, au dîner du Fario Club, c'était en novembre 1967, et il avait pris trois semaines auparavant, au large du Portugal, dans une mer qui forcissait, son plus gros Xiphias. Dans les salons de l'hôtel Ritz, il nous raconta, et il racontait aussi bien qu'il écrivait, qu'après sept heures de combat, alors que la nuit était tombée depuis une heure, il ne dût la capture de cet espadon, qu'à un énorme cargo soviétique, dont le capitaine qui l'avait repéré lui et son marin dans des creux de plus de deux mètres, manœuvra pour d'une part éclairer la scène, mais surtout pour de son énorme coque faire rempart aux vents du grand large et aplanir l'océan. C'est la seule fois qu'il fut, nous dit-il, lui qui était farouchement anticommuniste, applaudi par des Soviétiques. Quand ils réussirent à embarquer l'espadon à bord de leur coque de noix, sous les projecteurs du cargo, tout l'équipage du cargo était sur la rambarde…

Son avant dernier livre *Spartacus l'espadon* publié en 1989 est entièrement consacré à la gloire de ce poisson, combattant irascible des océans : « Parmi les grandes créatures de la mer, l'espadon Xiphias gladius mérite une place à part dans l'histoire naturelle comme dans celle des hommes… De tous les grands poissons que j'ai jadis pêchés, l'espadon m'a toujours particulièrement impressionné, non point seulement parce qu'il était le plus beau des trophées pour un pêcheur, mais parce qu'il devient rare et risque de bientôt disparaître des océans. Nos enfants auront-ils l'occasion d'admirer un jour sa solide beauté, le bleu cobalt de son dos, le bronze lumineux aux reflets nacrés de son ventre ? »

Alors que j'étais déjà pêcheur passionné de truites, je crois bien que c'est la lecture de son premier livre sur la pêche et les poissons *Des poissons si grands…* publié chez Flammarion en 1967 (j'avais dix-sept ans), qui décida de ma carrière de reporter-photographe halieutique, un peu partout dans le monde, dans le sillage de ses aventures. Ce livre qu'il m'a dédicacé par la suite, je l'avais acheté, je m'en souviens comme si c'était hier, dans la librairie de la grande rue de Bayeux, lors de vacances de Pâques, alors que je préparais le concours de l'école vétérinaire.

Entre de petits intermèdes à la truite dans la Seulles, ou au bar, au pied des éboulis d'Arromanches, la lecture de ces pages me permettait de rêver et de m'évader de mes cours de Biologie végétale, de physique et de chimie au programme du concours véto. Quand bien des années plus tard, je lui racontais cet épisode, il sourit car Bayeux avait été la première ville française libérée après le débarquement de Normandie, et un de mes coins de pêche au bar favori, sous les falaises de Longues sur Mer, était situé exactement à l'aplomb du petit terrain d'aviation improvisé dans une grande prairie, où à bord de son Spitfire il avait le lendemain je crois du débarquement, touché le sol de France, pour la première fois depuis cinq ans…

> Même s'il n'en captura que sept en trente années de traque, ces poissons combattus à la loyale, mano à mano, valaient plus que tous les autres…

Comme l'a très bien dit Sacha Tolstoï, qui lui succéda à la tête du Big Game Fishing Club de France :
« Pierre était sans doute l'un des derniers grands aventuriers du siècle passé. Né d'un père Alsacien et d'une mère Lorraine, il ne peut accepter en 1940 l'occupation allemande. À dix-neuf ans, il s'engage comme pilote de chasse dans les forces aériennes françaises, puis dans la Royale Air Force. Il remporte trente-trois victoires, et se voit attribuer le titre de « Premier pilote de chasse de France » par le général de Gaulle. Homme politique, il est élu huit fois député, et mène simultanément une carrière d'industriel et d'écrivain. *Le Grand Cirque* et *Des Poissons si Grands* furent des best-sellers qui influèrent sur l'existence de nombreux jeunes, assoiffés comme lui d'aventures.
La première fois que j'ai rencontré Pierre, « Cloclo » pour ses intimes, c'était à Sesimbra au Portugal en 1974. il pêchait alors le mythique espadon, le fameux Spartacus, embarqué sur un youyou en pleine mer. Parti sur ses traces, j'avais fait sa connaissance dans le hall de l'hôtel Espadarte, propriété de l'ami Pinto Braz. Depuis, nous ne nous sommes plus quittés. En compagnie des membres du Big Game Fishing Club France qu'il avait fondé, et dont je suis devenu par la suite Président, nous avons vécu toutes sortes d'aventures aux quatre coins du monde. Sénégal, Sierra Leone, la Réunion, Abidjan... Il fut, avec moi et quelques autres, le plus ardent défenseur d'une certaine éthique de la pêche sportive, celle de la pêche « Propre » où le poisson, après avoir été combattu, est rendu vivant à son élément. « La victoire sur le poisson assure la purification qui permet d'être admis sans difficulté devant les dieux les plus anciens », disait Hemingway. Depuis quelques années, Pierre Clostermann s'était retiré dans sa propriété du midi entourée de chênes lièges, près de la frontière Espagnole où il recevait parfois ses amis. Il fut l'homme de trois passions, le combat, l'écriture, et la pêche. En cela, il rejoignait Hemingway qui, comme lui, avait siégé au comité organisateur de l'IGFA, en Floride, et qui fut le père de la charte qui régit aujourd'hui la pêche sportive. Pierre parlait parfaitement l'anglais, l'espagnol, et le portugais. Son dernier livre, *Mémoires au bout d'un fil*, il l'avait préfacé avec ces mots dont il était magicien : « A mes amis du BGFCF et à Sacha Tolstoï, qui savent rendre à la mer les bienfaits qu'elle nous accorde... »
Pierre Clostermann était un homme vrai. Il aimait ceux qui lui ressemblaient, et méprisait la servilité, la vanité, et la stupidité, tout comme il aimait le dévouement, le bel orgueil, et l'intelligence. J'imagine qu'en rendant son dernier soupir il n'a pu s'empêcher de commettre son dernier péché véniel : le péché de jalousie vis-à-vis de ceux qui restent. En tendant l'oreille, j'aurais pu l'entendre maugréer : « Que savent-ils de la vraie vie, celle de l'aventure avec un grand A, tous ces freluquets ? »

Michael Lerner (1890-1978)

❦

Fondateur de L'Igfa (International Game Fish Association), Michael Lerner passe sa jeunesse et fait ses études de commerce à New York. Travaillant d'arrache-pied pendant vingt ans, il transforme la petite entreprise familiale de vente de vêtements en une chaîne prospère de plus de 450 magasins franchisés à travers tous les États-Unis. À l'âge de quarante ans, il passe la main à ses jeunes frères et fortune faite, il décide de consacrer son temps et son argent à ses deux grandes passions : la chasse et à la pêche. S'il a capturé, enfant, en famille, depuis les jetées du New Jersey et de Long Island, quelques maquereaux et des poissons plats, c'est à l'âge de trente ans, en 1920 qu'il découvre l'incroyable puissance d'un thon de 70 livres, qu'il capture depuis une barque au large de Brooklyn. Mais il a également attrapé le virus de la chasse au gros gibier, aux États-Unis et au Canada puis très vite en Afrique. En compagnie de sa jeune épouse, Helen, il organise plusieurs grands safaris en Afrique de l'Est, mais très vite se rend compte que tuer des grands animaux pour ensuite accrocher leurs trophées sur les murs de son appartement de la cinquième avenue, n'a finalement rien de bien excitant. Il décide d'abandonner la chasse, d'autant que son ami Hemingway lui parle de la découverte au large de Miami, d'une toute petite île, Bimini, baignée par les eaux du Gulf Stream et dont les quelques sportsmen qui s'y sont essayés, n'arrivent pas à ramener, avant qu'ils ne soient mutilés par les requins, des thons vraiment géants.

Pour les Lerner, cette première visite à Bimini, est un véritable coup de foudre. Ils se font construire une immense maison pour y recevoir leurs amis new-yorkais et leur faire découvrir les charmes de la pêche au gros. Car si les grands thons migrateurs quittent au printemps les eaux du golfe du Mexique où ils ont frayé, pour aller rejoindre leurs zones d'engraissement dans le delta du Saint Laurent, ils passent donc en mai-juin à quelques encablures de la petite île. Toute l'année, des marlins et des espadons y sont présents en grand nombre. Comme dans le même temps, quelques chantiers navals en Floride, commencent à commercialiser des bateaux spécialement dédiés à la grande pêche sportive et que les fabricants de moulinets ont enfin mis au point un système de manivelle débrayable et de frein à étoile, il n'est plus illusoire, avec un peu de savoir faire de s'attaquer à ces poissons dépassant couramment le poids de 500 livres. Et de 1925 à 1935, des records en nombre de prises et en poids de thons, marlins et espadons tombent tous les ans. Dans ces eaux infestées de requins, les pêcheurs à l'instar d'Hemingway et de Lerner doivent être en parfaite condition physique, pour capturer le plus rapidement possible ces énormes thons ou marlins avant que les squales ne viennent gâcher la fête.

À l'époque les scientifiques qui étudient les grands poissons prédateurs que sont les marlins, notamment au Muséum d'Histoire Naturelle de New York, ne sont pas tous d'accord, sur le fait qu'il y ait une ou plusieurs espèces de ces poissons. Bien sûr depuis près de cent cinquante ans, le grand Lacépède avait décrit en provenance de la mer des Caraïbes justement, un grand marlin bleu, mais dont la coloration, une fois rendu à La Rochelle, avait viré au noir et pour la postérité

À Capo Blanco (Pérou), Michael Lerner combat un grand marlin noir, pendant qu'un caméraman filme la scène.

VALHALLA

scientifique, l'avait bien malencontreusement dénommé Makaira nigricans ou le chevalier noir. Les marlins blancs ou rayés, présents également dans les eaux des Bahamas, étaient-ils de jeunes immatures de la même espèce ou même des petits mâles alors que les dissections montraient à l'évidence que tous les poissons de plus de 400 livres étaient des femelles. Pour en avoir le cœur net, Lerner mit gratuitement à la disposition des ichtyologues new-yorkais, une grande dépendance de sa maison qu'il transforma en laboratoire scientifique avec toutes les facilités disponibles à l'époque. Les poissons pouvaient y être mesurés, moulés, disséqués, leurs organes internes conservés dans le formol, etc., etc. Dès lors, lui, son épouse et ses amis ne pêchaient plus seulement pour leur plaisir, mais également pour la science. Et de fait après avoir examiné en trois ans, plus de 200 marlins de toutes tailles et couleurs, le Dr Francesca Lamonte, directrice du laboratoire d'Ichtyologie du Muséum, établit une classification entre les marlins bleus, blancs et rayés qui tient encore aujourd'hui.

Se découvrant au contact des scientifiques, une véritable passion pour le monde marin, les Lerner firent creuser dans le corail, non loin de leur maison, de gigantesques bassins alimentés par les mouvements de marée au travers de grilles et qui permettaient l'observation du comportement de nombreuses espèces et notamment des requins de récifs. Le laboratoire des Lerners employait tout au long de l'année une vingtaine de résidents de l'île sur environ 250 habitants, qui bénéficiaient en outre d'un apport en protéines non négligeable, sous forme de la chair délicieuse des marlins et des espadons après qu'ils aient été moulés et disséqués par les scientifiques. Mais cette collaboration avec le Muséum d'Histoire Naturelle de New York ne s'arrêta pas là, dans les eaux tropicales de Bimini. Michael Lerner, auquel ses nombreux amis pêcheurs parlaient d'autres eldorados de pêche nouvellement découverts, proposa au Museum, d'emmener avec lui, lors d'expéditions lointaines et toujours à ses frais, trois ou quatre scientifiques, afin d'enrichir les collections du Muséum et de mieux connaître le monde océanique. C'est ainsi que de l'Australie à la Nouvelle Écosse et des côtes chiliennes et péruviennes à la Nouvelle-Zélande en passant par les îles Fiji, les Lerners montèrent de nombreuses d'expéditions halieutico-scientifiques dont les résultats se révèlent d'un incroyable apport quant aux modes d'alimentation et aux déplacements des grands poissons prédateurs, tant dans le Pacifique Sud que dans l'Atlantique. Les années de guerre allaient momentanément interrompre ces explorations, jusqu'au début des années cinquante.

Et c'est en 1951 que l'expédition de Cabo Blanco au Pérou, là où le courant chaud équatorial rencontre à quelques encablures des côtes, le courant froid de Humboldt qui remonte depuis la Terre de Feu, permit non seulement aux scientifiques de comprendre le phénomène d'upwelling responsable de l'extraordinaire richesse des eaux en nutriments et en poissons fourrages, mais au-delà de suivre toute la chaîne alimentaire qui du plancton aux anchois, en passant par les bonites et les calmars, aboutissait en ces lieux à une concentration incroyable de thons, d'espadons et de marlins géants. C'est au cours des deux expéditions suivantes de 1952 et 1953 que furent capturés à Cabo Blanco, à la canne et au moulinet, les plus grands poissons à rostre jamais pesés et mesurés. Le Texan Alfred Glassel, ami des Lerner, inscrivit dans le livre des records de l'Igfa, créé en 1939 par Lerner et Hemingway, son nom qui y figure encore aujourd'hui, soit plus de 60 ans après la capture de son grand marlin noir de 1 560 livres en août 1953. Pendant les six années qui suivirent, Cabo Blanco fut le théâtre de la capture de plusieurs dizaines de marlins géants de plus de mille livres. Le plus gros espadon xiphias jamais capturé à la canne et au moulinet et qui pesait

Au large de Tocopilla (Chili) Michael Lerner embarque un grand espadon xiphias.

Examen scientifique d'un espadon avec le Dr Francesca Lamonte du Museum d'histoire naturelle de New York.

1 182 livres, fit également son entrée cette année-là, dans le livre des records, où il n'a toujours pas été battu. Pour rester ici avec le livre des records, il nous faut mentionner donc, la création par Michael Lerner en 1939, à son retour d'Australie, de l'Igfa (International Game Fish Association). Ce fut son grand œuvre qui bien au-delà de sa contribution scientifique avec le Muséum, lui a survécu jusqu'à aujourd'hui. Hemingway, avec qui il pêchait depuis une dizaine d'années, tous les printemps à Bimini, lui avait suggéré, devant l'engouement que la pêche au gros connaissait aux États-Unis, d'en établir des règles strictes afin, d'une part, de laisser ses chances au poisson et d'autre part, d'éliminer les tricheurs et autres « m'as-tu vu », dont le seul objectif était de gagner un concours de pêche ou de ramener, fut-ce aidé par l'équipage, un grand poisson au portique, pour poser fièrement en photo à son côté. Dans la préface du livre de Farington, sur la Pêche sportive dans l'atlantique (1937), il écrivait : « Le développement de la pêche au tout gros a été retardé pendant de nombreuses années par un matériel inadapté à ces grands poissons. Aujourd'hui, cette pêche est en passe de devenir sans aucun intérêt du point de vue sportif, à cause justement du développement ces dernières années d'un matériel trop efficace… Les pêcheurs quand ils racontent leur bagarre avec un grand poisson, oublient de dire que ce dernier a un hameçon planté dans la mâchoire, le fond de la gorge ou l'estomac. Il me semble que c'est un avantage déjà suffisant pour le pêcheur, que ce soit le poisson et non lui qui ait l'hameçon dans la bouche, et que si ce dernier veut justement pouvoir être fier de sa capture, il doit amener le poisson par son propre effort, et ne doit recevoir aucune aide extérieure, jusqu'à ce que le bas de ligne soit amené par lui et lui seul, à portée de main du guide qui l'assiste. » On ne saurait être plus clair, l'éthique de la grande pêche sportive était rappelée et les règles du jeu définies.

Billy Pate
(1930-2011)

❦

Né en Caroline du sud, loin de l'océan, le jeune Billy commence à six ans, sa carrière de pêcheur avec les black-bass à petite bouche et les truites (saumons de fontaine) qu'il capture au lancer dans les rivières des Appalaches. À quatorze ans il s'équipe pour la mouche et ne pêchera plus autrement qu'au fouet. Adolescent, puis jeune adulte il pratiquera intensivement le ski nautique, surtout le saut, et fera partie durant six ans de l'équipe nationale américaine. Son autre grande passion, à l'époque est la chasse des oiseaux. Au vol sur les cailles, faisans et sarcelles, il n'a pas son pareil et très vite devient un des meilleurs fusils du sud des États-Unis. Quelques safaris le familiarisent avec la grande faune africaine mais alors qu'il est, à trente ans, au sommet de son art, les médecins lui interdisent pour des problèmes d'oreille, le tir au fusil.

La pêche à la mouche qu'il ne pratiquait alors que comme un agréable passe-temps, devient dès lors sa raison de vivre. Il découvre la pêche du tarpon, à l'occasion d'un voyage que son club de chasse, organise dans les Keys de Floride, au milieu des années soixante. Il y rencontre par la même occasion, George Hommel, un des premiers guides de pêche dans la région, avec qui il sympathise. L'année suivante il revient pour la saison du tarpon, qui se souvient-il fut extraordinaire et décide, maintenant qu'il ne peut plus chasser, qu'il ne pourra plus vivre loin des flats de Floride.

Avec son frère, passionné lui, de golf, ils décident de vendre l'usine familiale de fabrication de tapis et moquette et Billy prend le pari d'investir dans un magasin moderne d'articles de pêche et dans une agence spécialisée dans les voyages de pêche. Worldwide Sportsman est née. George Hommel, son partenaire se chargera de faire tourner la boutique, la plus « pro » à l'époque de tous les Keys. Billy voyagera dans le monde entier, prospectant et testant pour les clients de « Worldwide » les nouveaux eldorados halieutiques que Pan Am et TWA mettaient à quelques heures de Boeing, de Miami, New York, Los Angeles ou Chicago. Bien sûr, ses voyages de pêche deviennent « taxe déductible » et Billy va pendant deux décennies, explorer toutes les eaux de la planète où il est possible de lancer une mouche.

Aucun pêcheur, sauf peut-être son ami Al McLane, n'a pêché de cette façon, autant d'espèces différentes. Car si Billy est surtout connu pour ses exploits avec une canne à mouche dans le milieu marin, que ce soit au tarpon ou aux *bill-fish* (sail fish, marlins…), il fut également un des meilleurs pêcheurs de truites et de saumons du monde. Quand la saison des grands tarpons touchait à sa fin, autour de la fin juin, dans les Keys, il s'installait pour l'été dans sa maison de l'Oregon sur les bords de l'Umpqua, la meilleure rivière à steel-heads (truites arc-en-ciel migratrices) des États-Unis. En Automne et en hiver, il voyageait beaucoup dans l'hémisphère Sud, où les saisons inversées, lui permettaient d'explorer de nouvelles destinations.

Pour Billy Pate, tous les poissons, du moins parmi les espèces considérées comme « sportives » par l'IGFA, étaient susceptibles d'être capturées selon les règles du fly-fishing. Et il l'a prouvé.

Sa devise était : « If it swims, it will take a fly » (s'il nage, il prendra une mouche). Il fut le premier et pendant longtemps le seul pêcheur au monde à avoir capturé de cette façon les cinq espèces de marlins : rayé en Équateur (1970), blanc au Venezuela (1971), noir en Australie (1972), bleu pacifique au Costa Rica et finalement bleu atlantique à Cuba en 1978. Pour la petite histoire, c'est son ami Jack Hemingway (le fils d'Ernest) avec qui il pêchait la steelhead dans l'Oregon, qui lui obtint son visa de pêche à la mouche, en intervenant directement auprès de Fidel Castro. En pleine période de guerre froide et d'embargo de l'île, il n'était pas facile pour un citoyen américain d'aller pêcher à Cuba.

Mais le poisson qui l'a rendu célèbre, c'est bien sûr, le silver king : le roi d'argent comme on appelle le tarpon en Floride. En quarante ans, Billy en a fait « sauter » plus de 5 000. Car ce qui l'amusait, plus que de tirer des heures durant sur la gueule de ces monstres, c'était de les faire mordre, de les ferrer et d'admirer leurs acrobaties aériennes pendant une ou deux minutes. Certains jours fastes, Billy a ainsi fait « exploser » au-dessus de la surface des flats d'Islamorada, jusqu'à trente tarpons pesant entre 70 et 150 livres. De temps à autre cependant, si le poisson était un potentiel record du monde, il le « bagarrait » jusqu'au bateau. Il a ainsi combattu deux tarpons estimés autour de la barre magique des 200 livres, plus de douze heures, pour les perdre tous les deux, à la nuit tombée, à bout de force, de batterie pour les moteurs électriques et même à cours d'essence pour le gros moteur hors-bord. Son record du monde (qui le resta 21 ans), un poisson de 188 livres fut vaincu en moins de vingt minutes.

Mais au-delà de ces records du monde et exploits halieutiques, Billy restera connu dans le petit monde des pêcheurs à la mouche, comme un véritable gentleman, toujours prêt à donner un conseil, une mouche ou à prêter une canne, comme il le fit à Cairns lors du premier championnat de pêche à la mouche des petits marlins noirs, alors que je venais d'exploser la mienne. Je me souviendrai toujours également à Sherbro (Sierra Leone) quand le gros et vieux moteur Johnson de 150 CV refusa un matin de démarrer, alors que des tarpons vraiment géants, commençaient à marsouiner dans l'estuaire, à moins de cent mètres du bord. Au lieu de pester après le guide ou les organisateurs, il sortit de sa poche un couteau suisse, et passa plus d'une heure en plein soleil, avec la lime et le petit tournevis, à démonter, nettoyer et remonter le carburateur. Comme je m'étonnais de ses connaissances en mécanique, il me dit que c'était exactement les mêmes moteurs (et donc les mêmes pannes) qui équipaient les bateaux de ski nautique, quand il était jeune et s'entraînait avec l'équipe américaine de saut à ski.

À bord de son skiff « Tarpon Fly » Billy Pate est en route pour un des bons flats d'Islamorada.

Juillet 1978, mon frère Gérard, combat un bel espadon voilier ferré à la mouche à Dakar.

Chapitre 3

Le Big Game aujourd'hui

❧

L'éthique et les règles du jeu

Nul mieux qu'Hemingway, n'a défini l'éthique de la grande pêche sportive. Dans son style percutant, rappelons-nous ce qu'il écrivait en 1937 : « Il me semble que c'est un avantage déjà suffisant pour le pêcheur, que ce soit le poisson et non lui qui ait l'hameçon dans la bouche, et que si ce dernier veut justement pouvoir être fier de sa capture, il doit amener le poisson par son propre effort, en tenant la canne et le moulinet dans ses mains, ou si ces derniers sont trop lourds, en en supportant le poids par un harnais prenant appui sur ses épaules ou sur son dos. Enfin il ne doit recevoir aucune aide extérieure, jusqu'à ce que le bas de ligne soit amené par lui et lui seul, à portée de main du guide qui l'assiste. »
On ne saurait être plus clair, l'éthique de la grande pêche sportive était rappelée et les règles du jeu définies, car s'il était un endroit ou Papa Hemingway n'aimait pas voir les tricheurs, c'était bien à bord d'un bateau ou au retour de la pêche, sur un dock.
Encore aujourd'hui, les règles de base sont les mêmes que celles qu'il préconisait. À savoir : à partir de l'instant où le poisson touche ou se saisit de l'appât ou du leurre, le pêcheur doit ferrer, combattre et amener le poisson à la gaffe sans l'aide de quiconque. Si un porte canne est utilisé, dès que le poisson est accroché, le pêcheur lui-même (et non pas le marin, comme c'est souvent le cas) doit retirer la canne du porte canne aussi vite que possible. Un harnais peut être attaché à la canne ou au moulinet, mais non au siège de combat. Le harnais peut être replacé ou ajusté par une personne autre que le pêcheur. En pêchant d'un bateau, plus d'une personne peut tenir le bas de ligne si ce bas de ligne est déjà tenu par le matelot, ou qu'il est déjà sur le scion de la canne.
Les faits suivants disqualifieront une prise : l'action d'une ou plusieurs personnes, autres que le pêcheur, de toucher la canne, le moulinet ou la ligne (inclus la double ligne), soit avec une partie du corps, soit avec un dispositif quelconque, à partir du moment où le poisson a pris l'appât ou le leurre, jusqu'au moment où le poisson est embarqué ou relâché. Et le fait de reposer la canne dans un porte canne sur le plat-bord du bateau ou sur un autre lieu pendant le combat.
Toutefois, il est bien évident, que certains aspects de la pêche échappent au règlement. Les règles de pêche ne peuvent assurer à chaque prise une performance exceptionnelle et les records du monde ne peuvent révéler la réelle difficulté de la capture du poisson. Les prises au cours desquelles le poisson

n'a pas combattu, ou n'a pas eu la possibilité de se défendre, ne valorisent pas le pêcheur et seul celui-ci peut évaluer convenablement la mesure de la performance dans l'établissement du record.

Pour ceux qui voudraient plus de détails sur le matériel (cannes, moulinets), les longueurs de double ligne et de bas-de-lignes autorisées, le type et le nombre d'hameçons autorisés sur les leurres ou les appâts naturels, et bien d'autres détails techniques, nous renvoyons à la traduction française : Règles internationales de Pêche Sportive, éditée en 2012 par le BGFCF. Nous devons cette traduction à notre président d'honneur, Marcel Prot. Je ne sais plus qui a dit que les traductions étaient comme les femmes, quand elles étaient belles, elles n'étaient pas fidèles et quand elles étaient fidèles, elles n'étaient pas belles… mais ici, le traducteur a su trouver un juste milieu entre sinon la beauté du texte original, du moins une interprétation très agréable à lire dans la langue de Molière et respectant la fidélité ou plus encore la justesse des termes techniques et réglementaires anglo-saxons.

Et ce n'était pas chose facile, surtout en matière de techniques de pêche au gros (et moins gros) et encore plus quand il s'est agi de traduire les termes et la réglementation liés à la pêche à la mouche. En effet, plus encore que la grande pêche sportive, la pêche à la mouche est sinon née, du moins a été codifiée en Angleterre et de plus en plus aujourd'hui, surtout pour la pêche à la mouche en mer est devenue américaine ou australienne. Marcel Prot ne connaît pas seulement la langue de Shakespeare ou de Jim Harrison, il connaît également pour les avoir pratiquées assidûment la pêche au gros et de plus en plus ces dernières années, le SWFF (salt water fly fishing) ou pêche à la mouche en eau salée. Nul n'était donc mieux placé que lui pour assurer cette traduction des règles de l'Igfa.

Combat a la régulière…

Nous avons tous lu et même relu les péripéties du combat du vieil homme d'Hemingway qui lutta deux jours et une nuit contre, non pas un espadon – comme le traduisit Jean Dutourd pour Gallimard – mais un marlin bleu géant du Gulf Stream. Quoique romancée, l'histoire a réellement eu lieu dans les années trente, au large des côtes cubaines. Un vieux pêcheur de Cojimar, petit port à l'est de La Havane, fut retrouvé à moitié fou, dérivant seul dans sa barque au milieu du Gulf Stream avec la carcasse d'un gigantesque marlin attaché le long de la coque. Le poisson avait remorqué la barque pendant plus de 60 heures avant d'abandonner la lutte et d'être dévoré par les requins. Certes, les barques des pêcheurs cubains de l'époque, n'étaient guère plus grandes que celles que l'on peut louer aujourd'hui pour faire le tour du lac de la grande Cascade au Bois de Boulogne mais tout de même, tirer à contre-courant dans le Gulf Stream et sur plusieurs dizaines de miles une embarcation, on comprend qu'il puisse s'agir là de pêche vraiment sportive, même et surtout dirais-je, si la ligne est tenue à la main.

Pour rester au chapitre des coques de noix, il nous faut parler ici de la pêche à la canne et au moulinet cette fois, des véritables espadons (Xiphias gladius) au large de Sesimbra (Portugal), telle que l'a pratiquée de nombreuses années Pierre Clostermann en compagnie de quelques autres pionniers européens de la pêche au « tout gros » : « Ca y est, je le tiens et il est lourd. Aussitôt piqué, il décampe irrésistiblement. Chico rame désespérément pour le suivre… pendant ces deux heures passées, j'ai enlevé successivement mes pull-overs et ma chemise de flanelle. Même simplement en maillot de coton, je sens la sueur qui coule sur mes tempes et sous mes aisselles. Après nous avoir mené la vie dure pendant trente minutes, mon espadon s'est installé à cinquante brasses de profondeur, au ras probablement d'une couche d'eau dont la température l'agrée, et il ne veut pas plus en bouger qu'un toro de sa « querencia »… 18 h 30 bientôt sept heures de combat. La brise de l'après-midi qui s'était levée retombe avec le soleil bas. Je sens l'espadon qui cède enfin… La nuit tombe maintenant vite et des nuages s'accumulent à l'ouest où s'accroche un crépuscule couleur de soufre. J'enfile mon caban et un bonnet de laine… L'espadon a sondé quatre cents mètres au moins, mais n'est pas mort, et je sue sang et eau pour le remonter. Je force ma main engourdie crispée sur la manivelle et mon bras douloureux à tourner, à tourner encore ! Puis sans prévenir arrivent la ligne double et l'émerillon. Chico remonte le bas de ligne doucement et je plonge la gaffe dans l'eau à bout de bras. La profondeur est difficile à juger, et il me faut gaffer l'espadon sans coup férir à la hauteur de sa carène caudale pour mieux l'immobiliser. Hop ! Décidément, j'ai de la chance. Le croc est bien placé. Carlos lance le lasso tout préparé, je le passe pour une fois sans difficulté, et c'est terminé. Le poisson et le youyou enfin hissés à bord du Batalha, je m'affale sur le pont à côté de mon espadon que j'admire à la lueur de la lampe électrique. Il a une rare longue épée, sans défaut, et son corps est parfaitement proportionné. » (Extrait de *Des poissons si grands* Flammarion 1969). Voila ce qu'était la grande pêche sportive il y a quelques décennies seulement.

Comparée à ces hauts faits de pêche, la capture de marlins de plus de mille livres telle qu'elle se pratique aujourd'hui, à Cairns, à Madère ou aux Açores, à partir de bateaux capables de reculer à plus de dix nœuds sur les poissons, nous semble un peu pâlotte. Heureusement que presque toujours, les poissons capturés très rapidement et qui n'ont pas toujours eu le temps de se rendre compte de ce qui leur arrivait, sont relâchés. Il y a une dizaine d'années, un des plus fantastiques pêcheurs de « tout gros » américains, Stewart Campbell a ainsi établi un nouveau record en capturant 73 thons géants (pesant entre 300 et 600 livres) en moins de douze heures, soit un thon géant toutes les neuf minutes trente en moyenne. Quand on sait que de nombreux pêcheurs français et non des moindres, Clostermann ou Réal del Sarte, pour ne citer qu'eux, sont restés attelés plus de six heures sur des thons méditerranéens, on conçoit ce que peut réaliser un équipage super-entraîné à bord d'un bateau spécialement conçu pour reculer à toute allure sur des poissons à peine ferrés… C'est en fait une véritable guerre type « Blietzkrieg », que les skippers actuels, en utilisant au mieux la puissance des moteurs et la manœuvrabilité de leur Hatteras ou Rybovich, mènent aux super-prédateurs des océans. Mais s'agit-il toujours là d'un exploit sportif, tel que l'entendaient Hemingway et Lerner quand ils créèrent l'Igfa ? Prendre un marlin ou un thon de plus de mille livres en moins de vingt minutes nous apparaît donc plutôt comme un exploit technique à mettre au compte du skipper et de l'équipage qui savent tirer parti de toutes les possibilités de bateaux hypersophistiqués. En reculant à toute allure sur le poisson, on l'obligera à combattre en surface sur un frein serré au maximum et une ligne courte. Dans l'impossibilité de sonder, le marlin ou le thon ne pourront trouver en profondeur des couches d'eau plus fraîches et plus riches en oxygène. Dans les eaux chaudes de surface, ils s'asphyxieront plus vite. En outre, le pêcheur a toujours avantage à conserver le poisson en surface car en manœuvrant autour du poisson, il sera facile de contrer toutes ses directions de fuite. Quand un grand poisson marin a sondé (quelque fois à plus de deux cents mètres), outre que la pression de l'eau pèse de toute la hauteur de la colonne de liquide sur la résistance de la ligne (rappelons-nous l'expérience du tonneau de Pascal), il n'y a pas moyen d'orienter efficacement, à la verticale du poisson, la traction dans un sens ou dans l'autre. Tout l'art des grands skippers au thon géant ou au marlin, consiste quand la configuration des lieux de pêche s'y prête, à maintenir les poissons ferrés sur les hauts-fonds, à les empêcher de regagner le tombant (où ils ne manqueraient pas de sonder) et à les obliger à enchaîner des sprints de plus en plus abrégés au cours desquels ils s'asphyxient littéralement. C'est la technique utilisée initialement au large de Bimini pour la capture des bluefins géants (thons rouges) comme au large de la Grande barrière de Corail australienne et plus récemment par quelques skippers français (dont Daniel Lopuszanski n'est pas des moindres) qui ont réussi sur les hauts fonds languedociens (delta du Rhône) à capturer des thons de plus de 200 kg en moins d'une demi-heure, quand le temps de lutte moyen pour ces poissons sur nos côtes, tournait plutôt autour de quatre heures.

...et sur lignes fines

Je suis bien conscient que quand ils liront les réflexions qui vont suivre, quelques membres du Club, et non des moindres, ne vont pas être d'accord avec moi. Tant pis, car je sais que les grands anciens : Hemingway, Lerner, Zane Grey, Clostermann, et bien d'autres, auraient pensé exactement la même chose, s'ils avaient pu imaginer la dérive qu'a connue notre « sport », depuis quelques décennies. En effet, si on veut parler de sport, ou de grande pêche sportive, encore faut-il que les adversaires combattent à armes à peu près égales. Justement direz-vous, c'est en pêchant avec des fils fins, que les poissons ont le plus de chances de casser la ligne, de s'échapper et donc de gagner le combat… mais qui comme nous allons le voir, n'est pas un combat.
Cette dérive de la pêche sur lignes fines ou très fines, pratiquée le plus souvent, avec des équipages très spécialisés et dont le seul véritable but est l'établissement d'un nouveau record, est à mon avis aux antipodes des règles de sportivité de la pêche au « tout gros » telle que l'envisagèrent Hemingway et Lerner quand ils créèrent l'Igfa ?
Certes les pêcheurs qui inscrivent depuis maintenant de nombreuses années, leurs noms dans les pages du livre des records de l'Igfa, dans les catégories 2, 4, 6 ou 8 livres, ne trichent pas à proprement parler. Ils se conforment même strictement aux règles édictées il y a plus de soixante-dix ans par Hemingway et Lerner. Mais tous les règlements, on le sait bien, sont faits pour être contournés, et comment aurait-on pu imaginer, avant guerre, les progrès enregistrés dans le domaine des bateaux de pêche et surtout du matériel (moulinets équipés de véritables freins ABS indéréglables, et fils issus de la recherche textile et chimique qui relèguent aujourd'hui même le nylon au rang d'antiquité).
Les pêcheurs en eau douce d'ailleurs ne comprennent toujours pas, comment, eux qui se font de temps à autre casser par un saumon de sept ou huit kilos sur $30/100^e$ (soit un fil de 4 à 5 kg de résistance) ou par une truite de 2 kg sur une pointe de $16/100^e$ (soit avec les nylons modernes de 2 à 3 kg de résistance), il est possible de vaincre sur des lignes encore plus fines des poissons marins infiniment plus forts et combatifs et dont le poids peut excéder de 20, 30 ou 50 fois la résistance de la ligne.
On ne compte plus en effet depuis une bonne trentaine d'années les espadons voiliers ou marlins de 40, 50 ou plus de 100 kg capturés sur des lignes de 2, 4 ou 8 livres de résistance. Il y a quelques années, en août 1995 un record du genre a été établi au large des Açores. Il consacre, si l'on peut dire, la capture et la pesée d'un marlin bleu de 259 kg sur une ligne de 4 livres (oui, vous avez bien lu, un marlin bleu,

soit un des poissons les plus combatifs des océans) de presque 260 kg sur un fil n'excédant pas 2 kg de résistance à la rupture. Soit un rapport de 1 à 130 en faveur théoriquement… du poisson. Le hic, dans ce type de « pêche », c'est que le poisson ne sait pas qu'il est ferré et qu'il doit mener un combat. Les marlins, comme pratiquement tous les grands prédateurs océaniques qui mènent leur existence au large, ne savent pas ce que représente un bateau. C'est même le bruit des hélices et le brassage de l'eau qui en résulte (qu'ils ont confondu avec la fuite en surface d'un banc de bonites ou autres poissons fourrages), qui les ont attirés dans le sillage de l'embarcation où bien évidemment, ils découvrent les appâts ou leurres mis en traîne. Ils n'ont donc aucune raison de se méfier de la présence du bateau et du bruit des moteurs. Qu'un hameçon d'assez petite taille (pour pouvoir piquer sans ferrage), leur titille le gosier ou l'œsophage, ce n'est pas la première fois que cela leur arrive. Beaucoup de leurs proies habituelles possèdent des rayons piquants sur leurs nageoires, et plus d'une les a déjà piqués de travers.

Pour s'en débarrasser, ils secouent généralement la gueule et font des efforts de déglutition, en agitant la tête et nageant à faible vitesse en surface. Il n'y a aucune raison pour qu'ils cherchent à s'enfuir… Tout ce

Odile Robelin avec un de ses nombreux records du monde dakarois sur ligne fine.

que doit alors faire le « pêcheur » est de… ne surtout pas tirer sur la ligne et de faire même attention que cette dernière ne touche pas l'eau, car une simple vague risquerait de casser ces fils de la vierge !
D'autres fois, notamment en « Switch and bait » le poisson amené à quelques mètres de l'arrière du bateau sera ferré à la main directement sur le bas-de-ligne (qui lui sera très solide), soit par le marin (c'est autorisé) soit par le pêcheur lui-même. Ce dernier pourra alors laisser le moulinet pratiquement en roue libre, en fait sur un frein très léger, et là encore, laisser le poisson berné, se débattre en surface pour tenter de se débarrasser de cet appât qu'il n'arrive pas à avaler.
Nous voilà loin d'Hemingway tirant à s'en faire péter les jugulaires sur les marlins de Bimini, ou Clostermann s'écrasant les ménisques et les disques intervertébraux, en combattant frein serré à 60 livres les espadons de Sesimbra à bord d'une barque à rames.
Pour avoir assisté de bout en bout et filmé la capture d'un autre marlin bleu, plus petit d'ailleurs de quelques dizaines de kilos sur fil un peu plus fort (8 livres), je considère qu'il s'agit peut-être là d'un exercice de style, qui je l'accorde bien volontiers, n'est pas forcément donné à tout le monde de réussir…
Mais est-ce encore vraiment de la pêche à la ligne ? Cette dernière notion incluant nécessairement à mon avis, le fait de tirer un minimum sur la ligne afin soit de fatiguer le poisson, soit à tout le moins d'influer sur sa nage ou d'orienter sa direction de fuite.

Dans ces captures de gros poissons sur ligne ultra-fine, le vrai combat et une bonne part du mérite reviennent sans aucun doute au « lineman », matelot qui saisit et garde en mains le bas de ligne, pendant que le deuxième matelot va tenter de gaffer le poisson. Là, c'est généralement du grand sport ! En effet, le marlin (il n'est pas possible de faire la même chose avec les thons ou même les tarpons) qui ne s'est pas fatigué le moins du monde sinon en secouant gentiment son rostre en surface va se trouver quelquefois en moins d'une minute, soudain tenu au ferme sur un fil de 300 ou 400 livres cette fois de résistance. Et là, il n'apprécie pas du tout… C'est alors un véritable rodéo des mers qui commence et les risques pour le « lineman » comme pour le gaffeur sont avec un gros poisson, à peine moins dangereux que chevaucher un taureau Brahma ou un étalon sauvage.

Pour le pêcheur au risque de me répéter, il s'agit sans doute moins d'un « combat » que d'un exercice de style durant lequel il est surtout question de ne pas tirer sur la gueule du poisson. Dans le même ordre d'idée, en matière d'équitation, un des maîtres écuyers de Louis XIV démontra que l'on pouvait mener un Lippizan au travers des allées des jardins de Versailles, en le « guidant » avec comme seules rênes, deux fils de soie. Pour le cavalier, c'est l'assiette et les jambes, qui font tout le travail, pour le pêcheur c'est le skipper dont la manœuvre permettra d'approcher le poisson, presque toujours en reculant, à portée du bas-de-ligne.

Vouloir capturer sur des fils de 2 ou même 4 livres (c'est-à-dire des nylons de 12 ou 14/100e, que bien des pêcheurs de truites hésiteraient à employer), des poissons (marlins ou sailfish le plus souvent) dépassant la centaine de livres, nous paraît en outre bien peu sportif au sens du respect de l'adversaire. En effet, il faut piquer des dizaines de poissons, pour de temps en temps réussir à en capturer un. Les autres, qui d'un coup de nageoire, d'un claquement de mâchoires ou d'un saut, à moins que ce ne soit avec l'aide d'une vague, auront cassé sans coup férir la ligne, vont quelquefois devoir traîner jusqu'à ce que mort s'ensuive, des centaines de mètres de fil fin, certes, mais imputrescible et qui n'en constitue pas moins à la longue une pression insupportable à remorquer… Il faut en effet considérer ici, non pas le diamètre de la ligne, mais la surface externe du cylindre de quelquefois plusieurs centaines de mètres de longueur (pour les matheux, à vos calculettes), que le poisson doit traîner.

Pour avoir combattu, à la mouche le plus souvent, des grands poissons marins (tarpons, sailfish, marlins blancs et rayés), je considère qu'en dessous de 12 livres, on ne peut pas réellement exercer de pression sur un poisson de plus de cent livres. Ce n'est en fait qu'à partir de 16 livres ou 20 livres, qu'on peut vraiment opposer une traction en sens inverse qui va empêcher un poisson de ce poids de nager comme bon lui semble… Les Américains l'ont bien compris, eux qui ont instauré dans leurs « masters » de nouveaux règlements limitant à 12 livres la résistance minimale des lignes et obligeant le pêcheur à combattre cette fois depuis un bateau obligatoirement arrêté après le ferrage.

Les poissons records

« Mon dieu, faites que je prenne un jour un poisson si grand que je ne sois pas obligé de mentir quand j'en parlerai à mes amis. »

Les pêcheurs, plus encore que les chasseurs ont tendance à exagérer un peu ou beaucoup, le poids de leurs prises. Personne ne croirait un chasseur qui affirmerait avoir tué ou même vu un faisan de 6 kg, un lièvre de 20 kg, un chevreuil européen de 150 kg ou un éléphant de 15 tonnes. À la pêche tout ou presque est possible. Les poissons contrairement aux oiseaux ou aux mammifères, ne présentent pas théoriquement de limite de croissance. Leur taille et leur poids ne sont limités que par leur longévité et la quantité de nourriture disponible dans le milieu.

Ainsi une truite peut peser au même âge 150 g ou 15 kg, selon qu'elle est restée dans le ruisseau savoyard qui l'a vu naître ou qu'elle a dévalé vers le lac Léman pour s'y gaver d'ablettes et de perchettes. Un marlin cette fois selon son âge, pourra peser 80 ou 800 kg… Pour éviter les exagérations mais aussi pour servir la science, l'IGFA, qui regroupe des clubs de pêche dans le monde entier, a mis au point dès 1939 un protocole d'homologation des prises réalisées sportivement. Les records du monde ainsi établis sont après enquête et vérification, consignés dans un livre remis à jour tous les ans et

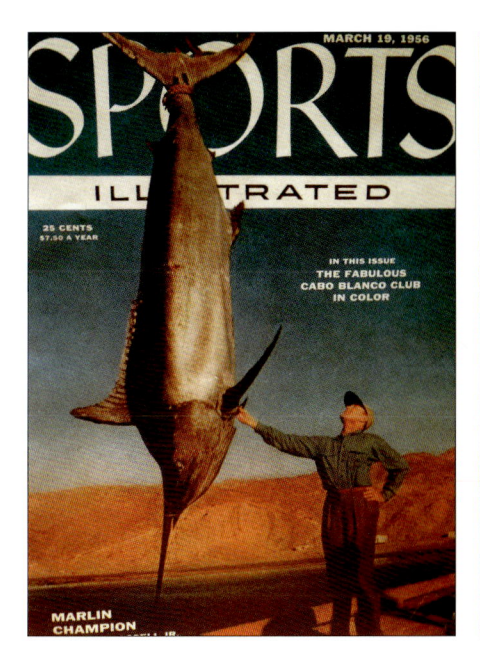

Alfred Glassel avec son record du monde du marlin noir qui tient depuis 1953.

En 1961, record du monde de l'espadon voilier à Abidjan pour Tony Burnand.

qui mentionne outre l'espèce et le poids du poisson, la date et l'endroit où la prise a été effectuée ainsi bien évidemment que le nom de l'heureux pêcheur et, très important, la résistance de la ligne utilisée. Ainsi un thon de 100 kg capturé sur une ligne de 20 livres est un bien plus beau record qu'un thon de 200 kg pris sur un fil de 80 livres…
En 2015 les tablettes de l'IGFA faisaient état de plus de 5 000 records à jour et dûment homologués, portant sur environ 220 espèces de poissons d'eau douce ou de mer, capturés sur des fils allant de 2 livres à 130 livres de résistance. Tous les ans entre 500 et 600 nouveaux records sont établis, mais certains parmi les plus prestigieux sont très anciens. Ainsi on retrouve l'espadon voilier pacifique de 221 livres pris en Équateur en 1947 et surtout le fantastique marlin noir de 1 560 livres (708 kg) capturé à Cabo Blanco (Pérou) le 4 août 1953 par Alfred Glassel, un compagnon de pêche d'Hemingway. La même année, au Chili un autre pêcheur américain Lou Marron capturait un espadon (Xiphias) de 1 182 livres qui est toujours et de très loin le plus gros poisson de cette espèce pris selon les règles. En fait pour les marlins, noirs ou bleus, de plus gros poissons que celui de Glassel ont été suspendus à des balances, mais n'ont pas été reconnus comme records du monde. Ainsi un marlin bleu de 1 805 livres capturé à Hawaï en 1970 mais qui fut combattu par 4 pêcheurs qui se sont relayés pour sa capture, ce qui est formellement interdit par les règlements. De même si le record du requin blanc (Carcharodon carcharias) officiellement consigné dans les tablettes de l'IGFA est un squale de 2 664 livres (1 208 kg) capturé en 1959 au large de l'Australie, un requin de cette même espèce, reconnue par tous les spécialistes comme une des plus dangereuses, et pesant 3 427 livres soit près de 500 kg de plus a été capturé très sportivement pourtant le 6 août 1989 au large de Long Island (la plage de New York). Ce poisson, de très loin le plus gros jamais capturé avec une canne et un moulinet, n'a pas été enregistré comme nouveau record du monde car l'appât utilisé sur l'hameçon était de la viande de dauphin (donc de mammifère), ce qui est interdit par les règlements.
En eau douce, exception faite de l'esturgeon (record à la ligne 212 kg en Californie) les poids sont beaucoup plus modestes, ce qui n'empêche pas certains records de faire des envieux. Le plus gros saumon atlantique a été pris en Norvège en 1928 et accusait 36 kg sur la balance. En France le record revient à un saumon de 19 kg 800 capturé en 1949 sur le Gave d'Oloron. La plus grosse truite fario 19,1 kg a été prise en 2013 en Nouvelle-Zélande. Pour le brochet le record officiellement enregistré revient à un spécimen de 55 livres pris en 1986 en Allemagne mais de bien plus gros brochets auraient été pris à la ligne en Irlande au siècle dernier et non homologués. Le seul record mondial bien français est celui de la carpe de M. Rouvière, prise dans l'Yonne en 1981 et qui pesait 37 kg.

Le BGFCF et le marquage des thons méditerranéens

Rappelons-nous, en 2005, l'espèce Thon rouge (Thunnus thynnus) était au bord de l'extinction en Méditerranée. Les ONG Greenpeace et WWF, s'étaient heureusement engagées dans une lutte emblématique pour la sauvegarde d'un des plus grands poissons des océans. La mode des sushis bars, l'envolée des prix, la surexploitation commerciale (voire le braconnage) par d'ultra-modernes thoniers senneurs puis la mise en cages de grossissement, auraient certainement eu raison de l'espèce si les campagnes médiatiques du WWF et de Greenpeace, n'avaient alerté les opinions publiques et les gouvernements des pays concernés, qui prirent enfin des mesures de contrôle strictes des quotas de pêche préconisés par les scientifiques.

Depuis 2010/2011, il semble que certains stocks (populations) de thons méditerranéens soient en voie de reconstitution et l'objectif des campagnes de marquage du WWF ainsi que de l'IFREMER est aujourd'hui, de mieux connaître les migrations entre les zones de frayères et de nourrissage, tant pour les adultes que pour les juvéniles, afin de pouvoir exploiter commercialement la ressource de manière durable dans un futur proche. Il est en effet paradoxal que l'importance économique du thon rouge, n'ait pas abouti depuis au moins un demi-siècle à une meilleure connaissance de la biologie de l'espèce. Les principales données de migrations provenaient des établissements fixes de captures (madragues ou matanzas) situés autour du détroit de Gibraltar. Des thons en provenance de l'Atlantique, entrent en avril-mai en Méditerranée, probablement pour venir frayer dans cette mer plus chaude, et un certain nombre en ressortent en juillet août pour regagner les eaux plus fraîches de l'Atlantique.

Depuis une vingtaine d'années, les principales zones de fraye méditerranéennes étaient bien connues des scientifiques, mais hélas également des pêcheurs professionnels. Presque toutes sont situées au voisinage d'îles : les Baléares, la Sicile, Chypre, Malte ou pour la dernière exploitée dans le golfe de Syrte, au large de la Libye. La période de reproduction s'étale de Mai à juin dans l'Est de la Méditerranée et de juin à juillet dans le golfe de Syrte et la partie ouest (Sicile, Baléares). Des études génétiques ont récemment montré qu'il y aurait des différences significatives entre les populations qui frayent dans la partie Est et celles qui préfèrent les zones Ouest de cette mer. Mais quels sont les pourcentages de ces populations qui ressortent par Gibraltar, quelles sont les principales zones de « pacage » (nourrissage), les populations Est et Ouest s'y mélangent-elles, tout cela est encore inconnu des biologistes, et c'est ce que les campagnes de marquage du WWF comme de l'IFREMER espèrent bien éclaircir. Commencées en 2008 avec l'aide de la fondation du Prince Albert II de Monaco et des Associations de pêcheurs récréatifs espagnols et italiens, les marques des campagnes 2008, 2009, 2010 et 2011 (tant pop-up satellitaires que de type « archival ») ont commencé à parler. Plusieurs thons marqués au Nord des Baléares ont pu être suivis jusqu'au sud de l'Espagne et sur la côte algérienne. Un thon marqué à Roses (près de Perpignan) a été pisté jusqu'au nord de la Sicile. Un poisson marqué dans le nord de l'Adriatique a détaché sa marque six mois plus tard dans les eaux

Pendant qu'un aide irrigue les branchies à l'aide d'un tuyau placé dans la bouche du thon, Daniel Lopuszanski implante la marque satellitaire.

libyennes. La campagne 2011 fait état de deux thons marqués sur la frayère des Baléares et qui sont ressortis par Gibraltar pour ensuite aller se promener du côté de Madère.

Notre collaboration aux campagnes à venir intéresse tout particulièrement les scientifiques de l'IFREMER, et notamment Jean Marc Fromentin, qui espère ainsi mieux connaître l'importante zone de nourrissage au large du delta du Rhône, zone très riche en sardines en été où de nombreux thons se concentrent après la période de reproduction et jusqu'en septembre, octobre, voire jusqu'en novembre comme l'année dernière.

Notre « marqueur officiel » Daniel Lopuszanski, qui depuis 2010 a posé 61 marques satellitaires fournies par l'IFREMER et une douzaine achetées par le Club, vient de marquer en ce début d'automne 2015, des poissons plus petits (50 à 70 kg), jeunes reproducteurs dont jusqu'ici on connaît très mal les périples entre leurs zones de nourrissage et de reproduction. L'année dernière, Daniel s'était plus focalisé sur les gros thons et avait pu poser trois marques « BGFCF » (d'un coût moyen de 4 000 €) sur des poissons pesant respectivement 120, 180 et 200 kg.

Rappelons que c'est sous la présidence de Marcel Prot que le Club avait initié ces campagnes de marquage en collaboration avec l'IFREMER.

Détail de quelques parcours parmi les plus marquants

N° 112625 : Thon de 80 kg marqué d'une balise satellite près de Marseille par Daniel le 15/08/2013. La balise s'est détachée conformément à sa programmation un an plus tard : Le poisson est allé en Libye en passant par la Sardaigne, la Tunisie, et l'Algérie pour revenir pratiquement un an après jour pour jour le 11/08/2014 au même endroit où il a été marqué. Ce thon a eu l'honneur d'être équipé de la 50e balise depuis notre campagne de marquage en 2007. Ce poisson a dû parcourir 3 000 miles en 1 an.

N° 112626 : Thon de 96 kg marqué par Daniel le 7/09/2013 près de Marseille et dont la balise satellite s'est détachée pratiquement au même endroit où il avait été marqué auparavant presque un an jour pour jour. Ce thon est resté pendant toute cette période en Méditerranée Occidentale, affectionnant le Sud d'Ibiza (zone de fraye bien connue), puis est allé jusqu'en Algérie où il a passé tout l'hiver jusqu'au mois de mai, et ensuite remonté vers le delta du Rhône.

N° 61969 : Parcours inhabituel d'un thon de 70 kg marqué d'une balise satellite le 14/10/2013 par Daniel près de Marseille. La balise a « poppé » le 11/06/2014 à Orange situé à 120 km à l'intérieur des terres 8 mois plus tard. Ce poisson aurait-il remonté le Rhône, peut être le long du chemin de halage, dans le coffre de la voiture d'un braconnier (en juin 2014 la pêche n'était pas encore ouverte) qui aurait ensuite jeté la balise.

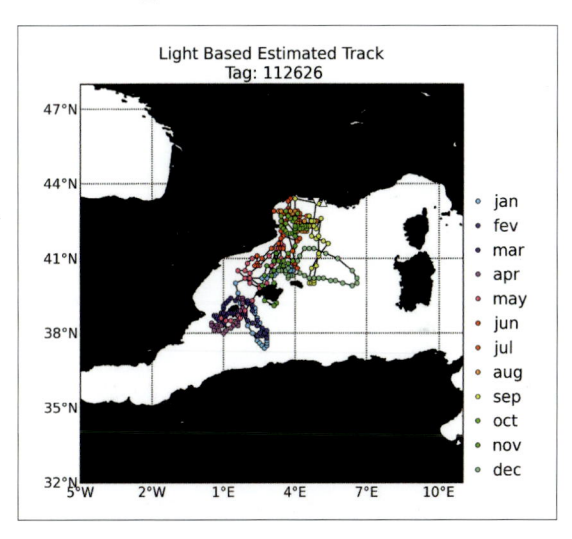

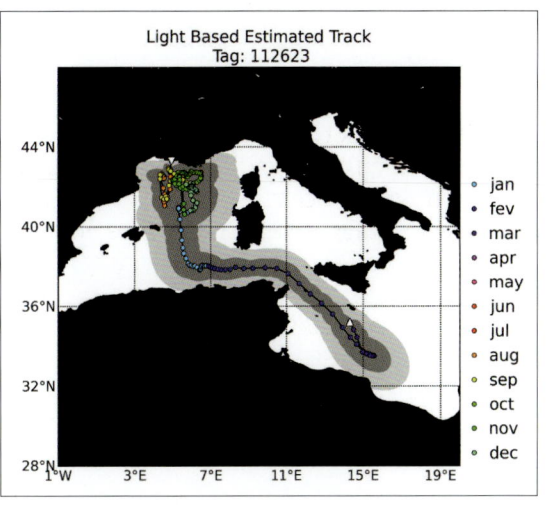

- II -
Des poissons si grands

Le thon rouge est un des grands poissons de sport les plus puissants et endurant…

Chapitre 1

Combativité des poissons de sport

❧

Quels sont les plus forts ou les plus combatifs poissons des océans ? Lesquels sur le podium seraient aux trois premières places ? Tout d'abord il faut comparer ce qui est comparable. Une carangue ou une liche de vingt kilos, ne combattent pas au bout d'une ligne, dans la même catégorie qu'un thon ou un marlin de deux cents kilos. Mais essayons à poids égal (pound for pound, livre pour livre, disent les Anglo-Saxons) de classer selon leur combativité, les principaux poissons que nous recherchons. Cette combativité, ne dépend pas seulement de leur poids ou de leur taille, mais dans une grande mesure de leur vitesse de nage, de leur endurance, de leur aptitude au saut, de leur pugnacité, de l'endroit où nous les combattons, de la température de l'eau et de bien d'autres facteurs encore.
La vitesse de nage : Ce sont deux scientifiques français le Dr Magnan et le célèbre physiologiste Houssay, qui les premiers imaginèrent et réalisèrent un appareil capable de mesurer la vitesse de nage des poissons. Le requin bleu fut ainsi chronométré à 11 m/s (soit près de 40 km/h) et la truite à 4 m/s (15 km/h). En vitesse de pointe, le rouget grondin lui, ne dépasse pas les 2 ou 3 km/h (0,5 m/s). Ces expériences réalisées juste avant la première guerre mondiale, furent présentées au Congrès des Sociétés Savantes en 1914. Depuis, des études cinétiques modernes ont confirmé ces résultats et permis de mesurer pour certains poissons des vitesses de pointe absolument phénoménales. L'espadon voilier et les marlins sont capables d'accélérations les faisant passer de zéro à 80 km/h en quelques secondes. Une fois lancés, les thons peuvent également atteindre ces vitesses et lors de longues migrations, maintenir des vitesses de croisière de 50 km/h.
Il est également important de se rappeler qu'à température de milieu égale, les grandes espèces nageront plus vite que les petites et qu'au sein d'une même espèce, les grands sujets plus vite que les petits. La règle est également vraie pour les sous-marins ou les navires : plus ils seront longs, à puissance proportionnelle égale, plus ils iront vite. Il n'est donc pas étonnant que les poissons

Kilo pour kilo (« pound for pound » disent les Américains), le permit ou grande trachinote est certainement le poisson le plus combatif qui soit. Ici un 30 livres pris à la mouche par Jason Schratwieser, le biologiste de l'IGFA.

les plus rapides des océans en soient également les plus longs, marlins, espadons, requins, thonidés. En fait, il faut ici considérer deux grands cas de figure : les champions de vitesse pure comme le wahoo ou le kingfish, espèces très effilées, sortes de croisement de thon et de barracuda et les champions de vitesse et d'endurance comme les grands thons ou l'espadon xiphias. En vitesse pure, le wahoo est imbattable, son nom vient d'ailleurs du fait qu'une fois ferré : wahoooo !!! Ce poisson a été chronométré en vitesse de fuite, à plus de 90 km/h, vitesse qu'il peut atteindre départ arrêté en moins de six secondes, mais qu'il ne peut maintenir très longtemps. Tout en longueur, parfaitement profilé, le wahoo ne possède pas cependant un rapport poids-longueur suffisant lui assurant également l'endurance. Plus intéressant nous apparaît le cas des grands marlins, de l'espadon xiphias, des grands thons ou du requin mako, tous poissons qui peuvent atteindre en pointe une vitesse de plus de 70 km/h, mais surtout qui peuvent maintenir pendant de longues minutes une vitesse de 50 à 60 km/h. Ce sont eux, les plus grands combattants des océans.

Mais parmi les espèces marines, il ne faudrait pas passer sous silence le bonefish, le permit ou les carangues sous prétexte qu'ils n'atteignent pas de très grandes tailles. En vitesse de fuite, le bonefish peut atteindre les 60 km/h, mais ne peut maintenir cette vélocité très longtemps. Il lui manque en effet la masse musculaire. Ce n'est pas le cas du permit (grande trachinote) capable d'enchaîner pendant une demi-heure, des « rushs » de plusieurs centaines de mètres à près de 50 km/h de moyenne. Pour une espèce dont le poids moyen peut être évalué à 20 livres, c'est tout bonnement phénoménal, et livre pour livre, comme disent les pêcheurs américains, je ne pense pas que ce poisson ait d'autre prétendant sérieux au titre de champion des poissons de sport alliant la vitesse, l'endurance et l'intelligence du combat. S'il y a, ne serait-ce qu'une éponge, ou un morceau de corail sur un flat de centaines d'hectares de sable blanc, vous pouvez être sûr que le permit que vous avez ferré ira y entourer la ligne.

À titre de comparaison, les espèces d'eau douce tempérées font plutôt pâle figure et les trois seules qui pourraient encore s'aligner dans des sélections mais n'arriveraient pas de toute façon au stade des éliminatoires, sont en fait des poissons amphihalins, qui effectuent leur phase de grossissement dans le milieu marin. Il s'agit bien évidemment du saumon atlantique, de la steelhead et de la truite de mer. En vitesse de fuite maximale, ces trois espèces peuvent atteindre 28 ou 30 km/h, mais au bout d'une ligne, remorquant une soie et du backing, même en descendant un fort courant, il est fort peu probable qu'elles atteignent plus de 20 km/h… Alors la prochaine fois que vous entendrez raconter par un pêcheur qu'il s'est fait vider son moulinet par un saumon qui lui a pris toute la soie et 150 mètres de backing en moins de dix secondes, ce qui ferait du 72 km/h, vous lui demanderez s'il a jamais accroché son bas de ligne au pare-chocs arrière d'une automobile filant à seulement 36 km/h. S'il tente l'expérience, il y a fort à parier qu'il regardera un peu mieux l'aiguille des secondes la prochaine fois, qu'un saumon voudra lui dérouler son backing.

L'endurance : Dans certaines espèces, l'endurance est un facteur plus important de combativité que la vitesse de nage, on notera qu'elle est également proportionnelle à la taille du poisson mais inversement proportionnelle à la température de l'eau. Ce dernier point s'explique par le fait qu'à une température plus élevée correspond une vitesse de fuite (ou simplement de nage) plus importante et partant une déplétion plus rapide des réserves en glycogène des muscles. D'où une endurance plus faible. En règle générale tant qu'un poisson ne dépasse pas sa vitesse de croisière, il ne puise pas dans les réserves de glycogène stockées dans ses muscles et peut donc surtout pour les grands voyageurs comme le thon ou le saumon nager pendant des heures, voire des jours ou des semaines sans se reposer, en oxygénant simplement ses muscles et en brûlant ses réserves de graisse. Ce n'est que lorsqu'il atteint et doit maintenir (lors du combat avec un pêcheur) une vitesse de fuite qui est en général de deux à trois fois supérieure à sa vitesse maximale de croisière, qu'un poisson puise dans ses réserves de glycogène et par là s'épuise.

> Dans certaines espèces, l'endurance est un facteur de combativité plus important que la vitesse de nage.

Quand il a trop puisé dans ses réserves de glycogène, l'espadon choisit pour continuer le combat avec un pêcheur, une couche d'eau plus ou moins profonde et donc plus ou moins fraîche, où la température lui permettra d'économiser son glycogène. Comme, fait rare chez les poissons, il ne possède pas de vessie natatoire, il lui sera facile de se maintenir à cette profondeur adéquate, sans avoir à ajuster la pression des gaz dans la vessie. Zane Grey, qui a combattu de nombreux espadons, affirme qu'au moins deux fois, passées dix heures de lutte, et alors qu'il lui était impossible de remonter, ne serait-ce que de quelques tours de bobine, ces deux espadons qu'il avait ferré en surface, il sentit plusieurs fois, transmis par la ligne, oh combien tendue, les très nets coups d'épée donnés d'estoc, suivis des mouvements de mâchoires de ces poissons, qui pour conserver leurs forces, frappaient dans des bancs denses de calmars ou d'autres proies, rencontrés en cours de bagarre. Alors que lui-même était à bout de forces, les deux fois, il préféra abandonner le combat et tira son chapeau à ces grands gladiateurs des océans, qui continuaient de se nourrir au bout de sa ligne.

Lee Wulff, probablement le plus grand pêcheur à la mouche de tous les temps, avec un tarpon de près de 100 livres, pris sur les flats d'Islamorada, avec une canne en fibre de verre et un moulinet sans frein.

Pour avoir combattu sur tippet de 15 livres (le 20 livres n'était pas autorisé pour la mouche en 1978, et le passage aux kilogrammes non encore effectué par l'Igfa, qui donnerait des tippets de 16 livres par la suite…), durant trois heures et quarante minutes, à Homossassa, un grand tarpon estimé à nettement plus de 200 livres, et alors qu'à partir d'une heure de bagarre, j'ai réussi trois fois à rentrer le bas-de-ligne dans les anneaux du scion, et donc que la queue de ce poisson battait tout contre la proue de notre « Side Winder 17 », chaque fois qu'il réussissait à prendre en surface, une grande goulée d'air atmosphérique, il me reprenait trente à cinquante mètres de ligne, qu'il me fallait ensuite plus d'une demi-heure pour rembobiner sur mon Sea Master direct drive. Contrairement à l'espadon, le tarpon possède une grande vessie natatoire dont la paroi dorsale est tapissée de tissus spongieux très irrigués par des vaisseaux sanguins et qui fait office de véritable poumon.

Les tarpons, quand ils combattent au bout d'une ligne et ont besoin de réoxygéner leurs muscles, ou simplement quand ils croisent dans l'eau de lagunes tropicales pauvres en oxygène dissous, viennent ainsi « rouler » en surface à intervalles réguliers, pour absorber grâce à ce poumon, directement de l'air atmosphérique. Pour le pêcheur, quand le poisson n'est pas trop gros, il faut en plongeant le scion dans l'eau et en effectuant une tirée sur le côté et vers le bas, l'empêcher de sortir la tête hors de la surface et donc de prendre sa goulée d'air. Ce que je ne pouvais faire avec cet énorme poisson. Bien sûr, les trois fois où j'ai rentré mon bas-de-ligne, et qu'il nageait tranquillement devant notre proue, mon ami Bruce aurait pu le gaffer, avec pour seul résultat, nous le savions, d'être éjecté par-dessus bord, pour de toutes façons perdre ce poisson, qui aurait fini, dévoré par les requins.

Notre seule chance de gagner la bagarre et de faire homologuer cette capture, était d'arriver à lui tourner la tête et de le gaffer dans sa vaste gueule, tout en maintenant la pointe de la gaffe contre la fibre de verre de la coque… Au bout donc de trois heures quarante et alors que la moitié de la petite flottille d'Homossassa, tenue au courant de la taille de ce poisson par CB radio, nous accompagnait, lors de ma troisième tentative pour lui tourner la gueule, le tippet de 15 livres finit par casser…

Pour comparer sérieusement la combativité de différentes espèces, il aurait fallu parler de bien d'autres choses. De l'âge des poissons, car ce ne sont pas les plus gros, souvent les plus âgés, qui se défendent forcément le mieux. De leur état physiologique, une grosse femelle marlin noire au ventre alourdi par des millions d'œufs, ne se défendra pas autant qu'un petit mâle nerveux de la même espèce. Les thons géants, momentanément résidents du Golfe du Saint Laurent, qui se gavent de harengs, au point de s'engraisser de 30 à 40 kg par semaine, ne se défendront pas autant, qui plus est en eau froide, que les mêmes poissons quand ils étaient deux fois moins gros, lors de leur migration au large de Bimini. Les tarpons les plus pugnaces et surtout les plus acrobatiques, sont les sujets de 40 à 60 kg et non pas les grosses femelles pouvant peser le double de ce poids.

Le matériel que vous emploierez interviendra également dans l'appréciation de la combativité. Un espadon voilier ne pourra donner toute la mesure de sa vitesse et de ses acrobaties aériennes, sur une ligne de 50 ou de 80 livres. Opposons-lui une ligne de 12 ou 20 livres, et vous aurez la sensation de combattre un marlin de 300 livres sur ligne de 50. L'endroit où l'hameçon sera piqué aura une énorme influence sur la qualité du combat. Piqué dans le gosier, dans l'estomac ou dans la langue, il paralysera bien souvent votre adversaire. De ce point de vue, les hameçons cercles qui sont toujours piqués sur le bord des maxillaires, permettent non seulement de relâcher sans les blesser, tarpons ou poissons à rostre, mais surtout donnent à ces espèces l'occasion d'exprimer toute leur combativité au bout d'une ligne. Enfin, la zone de pêche influera énormément sur la bagarre. La profondeur, la température de l'eau et son taux d'oxygène dissous, seront en faveur du pêcheur ou du poisson. Nous verrons qu'une même espèce : Thunnus thynnus, le thon rouge, ne se défendra pas du tout de la même façon, selon que vous l'aurez ferré au large de la Nouvelle Écosse ou dans le golfe du Lion.

> Lors de ma troisième tentative pour lui tourner la gueule, le tippet de 15 livres finit par casser.

*À Sesimbra (Portugal, en 1967)
Pierre Clostermann pose avec
son cinquième espadon Xiphias.*

Chapitre 2

Sa majesté l'espadon

❧

Souvent confondu avec les marlins et autres poissons à rostre, l'espadon (Xiphias gladius) est en fait le seul représentant de son genre et de sa famille (Xiphiidés). C'est véritablement dans la classification des poissons une espèce à part, dont les fossiles témoignent de la présence dans les mers du Crétacé à l'époque des dinosaures. Aristote dans son Histoire des Animaux l'avait dénommé xiphias qui en grec signifie épée, Pline par la suite dans son Histoire Naturelle, l'appellera gladius en référence au glaive des légionnaires romains. Linné pour le dénommer scientifiquement conservera les deux termes grec et latin, pour ainsi baptiser ce poisson « épée-glaive ». Cette référence à son rostre aplati si caractéristique en forme d'épée de chevalier, et non pas conique conne chez les marlins, se retrouve dans pratiquement toutes les langues : en anglais *swordfish*, en allemand *schwertfisch*, italien *pesce spada*, espagnol *pez espada*, portugais *espadarte*, hollandais *zwaardvisch*, norvégien *svaerdfisk*. Seule exception, en américain il est dénommé « broadbill » qui signifie large bec, certainement parce que la trop récente histoire de ce pays, n'a connu ni l'épée ni le glaive.
Autre fait significatif, l'espadon est un des rares poissons qui possède une appellation commune ou vernaculaire dans pratiquement toutes les langues de la planète, il est connu chez les Eskimos comme chez les Maoris, les Incas comme les Chinois. C'est en fait sa très large répartition zoo géographique, l'espadon est présent dans toutes les mers et océans de la planète, qui lui confère cette représentativité mondiale.
En dehors, donc du profilement osseux en forme d'épée qui prolonge son maxillaire supérieur et qui peut atteindre 1,60 de longueur, l'espadon est un poisson caractérisé par la grande taille qu'il peut atteindre, jusqu'à 5 m de longueur hors tout. Son corps est massif, puissant et de section arrondie. Adulte, il peut peser jusqu'à 800 kg, mais des témoignages aussi bien historiques (Pline l'ancien, Aristote, Gessner) que plus récents (longliners japonais) font état de poisson dépassant la tonne. Autre particularité de ce poisson, il ne possède pas de nageoires pelviennes et sa grande

nageoire dorsale est rigide et ne peut pas se replier sur le dos, comme c'est le cas de presque tous les poissons osseux. Ainsi quand il nage ou se repose en surface, un espadon est facilement identifiable aux deux demi-croissants (la dorsale et le lobe supérieur de la caudale) qui dépassent hors de l'eau. Il existe une deuxième très petite nageoire dorsale, située à proximité du pédoncule caudal, ainsi, fait très rare chez les poissons qu'une deuxième et petite également nageoire anale située en regard de la seconde dorsale. Le pédoncule caudal est fortement caréné et présente deux fortes « quilles » latérales stabilisatrices. La gueule assez vaste est dépourvue de dents, ce qui a fait dire imprudemment au comte de Lacépède que « l'espadon se contente d'une nourriture purement végétale, préférant aux poissons qu'il pourrait saisir, des algues et autres plantes marines ».

La couleur varie avec l'âge des individus, elle est généralement brun foncé à noir bleuté sur le dos avec souvent des reflets pourpres, et va en s'éclaircissant sur les flancs. L'épée et les nageoires sont presque noires. Autre particularité de ce poisson, les adultes ont la peau nue et sans écailles. Nous l'avons vu à propos de ses dénominations vernaculaires, l'espadon est un des poissons les plus largement distribués dans les mers et océans du monde entier. On le trouve dans les eaux tropicales, subtropicales et même tempérées ou froides. Dans l'Atlantique il est présent depuis la Scandinavie jusqu'au cap de Bonne Espérance et depuis le sud de Terre-Neuve jusqu'en Argentine. L'espèce est bien représentée en Méditerranée, aussi bien sur les côtes européennes qu'africaines, ainsi qu'autrefois dans la mer Noire, la mer de Marmara et la mer d'Azov, dont il a disparu pour cause de pollution et de surpêche. On en a capturé également dans la Baltique. Dans le Pacifique Est on le trouve depuis les côtes de l'Oregon jusqu'au Chili. Du côté asiatique l'espèce est présente depuis la latitude du Japon jusqu'en Australie et Nouvelle-Zélande. Dans l'océan indien les côtes d'Afrique de l'Est, d'Arabie saoudite et d'Inde sont bien peuplées.

> L'espadon est un des poissons prédateurs les plus efficaces des océans. Il peut se nourrir aussi bien en surface qu'en profondeur.

L'espadon est un des poissons prédateurs les plus efficaces des océans. Il peut se nourrir aussi bien en surface (la nuit) qu'en profondeur durant la journée. En 1967 le petit submersible de poche américain Alvin a été attaqué à 700 m de profondeur, par un espadon irascible de 150 kg. L'épée de ce poisson perfora la double coque en plastique protectrice de l'engin et y demeura coincée. L'Alvin dût remonter en catastrophe et les deux scientifiques de service ce jour-là à son bord, eurent la frayeur de leur vie, et regagnèrent de justesse la surface avec un quintal et demi de muscles qui se débattait au flanc de leur engin.

Si les espadons descendent au moins à cette profondeur et certainement plus profondément encore, c'est pour se nourrir aux dépens des immenses bancs de calmars qui croisent dans les abysses marins. En surface ou à faible profondeur ce sont plutôt les bancs de poissons de toutes espèces (daurades, thons, bonites, maquereaux etc.) qu'ils recherchent.

Frappant d'estoc et de taille, avec leur épée, dans les bancs, ils en attrapent ensuite facilement les poissons blessés ou simplement étourdis. Mais cette arme redoutable leur sert aussi à se défendre et hormis les orques et les plus grands requins (blanc et mako surtout) qui les attaquent par surprise lorsqu'ils se reposent en surface, on ne leur connaît pas d'ennemis.

Les espadons atteignent la maturité sexuelle à partir de 5 ans pour les mâles et entre 7 et 9 ans pour les femelles. On a compté jusqu'à 16 millions d'œufs chez une femelle de 165 kg et 29 millions chez une autre de 270 kg. En Méditerranée, la zone de reproduction la plus connue se trouve dans le détroit de Sicile, où encore aujourd'hui les géniteurs sont chassés au harpon et hélas, de plus en plus, les juvéniles aux filets dérivants.

Dans l'Atlantique, une des principales zones de reproduction de ces grands poissons se trouve dans le Golfe du Mexique entre Cuba et la pointe sud de la Floride. Des œufs fécondés, sortent des larves de moins d'un centimètre de long, qui seront aussitôt après l'éclosion entraînées par le courant du Gulf Stream. Dans ces eaux chaudes, riches en nourriture (plancton et poissons fourrages) les minuscules espadons vont avoir une croissance rapide, puisqu'au terme de leur première année ils mesureront jusqu'à 90 cm de long pour un poids d'environ 7 kg. Ensuite des expériences de marquage ont montré que ces poissons grossissaient d'environ 25 kg par an. Il faut donc autour d'une dizaine d'années pour faire un espadon de 250 kg ce qui peut aujourd'hui être considéré comme un gros sujet. L'espérance de vie moyenne de ces poissons semble être d'une vingtaine d'années mais compte tenu de la surpêche dont ils sont la cible, bien peu ont une chance d'atteindre le tiers de cet âge.

1913 : le premier espadon à la ligne

Depuis 1913, année où au large de la Californie fut pris à la canne et au moulinet le premier espadon de la pêche sportive, et le milieu des années soixante-dix, on pouvait compter sur les doigts des deux mains les pêcheurs qui avaient au long de toute une vie et de milliers d'heures de quête, capturé plus de cinq Xiphias. L'espadon était considéré comme un mythe, le trophée suprême qui se méritait durement. Présents mais en faible densité comparé aux marlins dans toutes les mers du monde et sous toutes les latitudes, les espadons devaient d'abord être repérés en surface, avant que le pêcheur ne leur présente un appât généralement vivant. Prédateur essentiellement nocturne, l'espadon n'est guère mordeur et semble somnoler ou tout du moins se reposer quand on le rencontre ainsi en surface. Moins d'un poisson sur vingt ainsi approché sans avoir été effrayé, prenait l'appât qui lui était présenté. Une très grande proportion des poissons ainsi ferrés se décrochait ensuite, car les appâts étaient rarement avalés mais simplement attaqués par agressivité ou par jeu. On comprend que dans ces conditions, peu de pêcheurs pouvaient se vanter de la capture d'un seul espadon, encore moins de plusieurs. Las, le mythe allait s'effondrer en 1976, quand au large de la Floride, des essais de pêche sportive nocturne confirmèrent ce que les palangriers savaient déjà, à savoir que Xiphias se nourrissait activement et sans méfiance cette fois dans les profondeurs sous-marines. Si on accrochait une source de lumière froide (Cyalume) à l'émerillon du bas de ligne, et un calmar comme appât immergé entre 30 et 80 m de profondeur, il devenait même possible de ferrer jusqu'à cinq ou six espadons dans la première moitié de la nuit. Et cette fois les poissons avalaient les appâts et ne se décrochaient plus aussi fréquemment que de jour. Enfin, dans le noir les espadons semblaient anesthésiés et ne se défendaient pas le dixième de ce qu'avaient eu la chance ou la malchance de connaître les pionniers de cette pêche. Comme il semble tout de même y avoir une morale, aucun des milliers d'espadons ainsi capturés de nuit en dérive, depuis 1976, n'approche et de loin les poids des records capturés au cours du premier demi-siècle en surface. Le record de Lou Marron (1 182 livres) pris au large des côtes chiliennes en 1953 ne semble pas près d'être battu. La plupart des espadons capturés la nuit pèsent moins de 200 livres, ce qui explique que les vrais pêcheurs sportifs recherchent de nos jours Xiphias sur des lignes de plus en plus fines. Quelques très rares sportifs, dont un de nos membres du Club, notre ami marocain Fouad Sahiaoui, ont même réussi à capturer cette espèce, de nuit à la mouche.

Michel Marchandise et son fils Louis avec un thon de 410 kg (904 livres), le seul poisson autorisé par le quota commercial des frères Boyd pour la saison 2014 en Nouvelle Écosse. Accroupi au premier rang : le fabuleux skipper Josh Temple.

Chapitre 3

Super thons rouges

❦

Le qualificatif de rouge fait bien évidemment en français allusion à la chair rouge sang de ce poisson pour l'opposer au thon blanc ou germon. Pour les anglo-saxons c'est le Bluefin tuna : thon à nageoires bleues. Tous ces poissons et bien d'autres espèces de « thons » appartiennent avec les maquereaux et les bonites à la grande famille des Scombridés. On distingue aujourd'hui la sous-famille des Thunninés (les thons proprement dits), celle des Sardinés (les bonites) et enfin des Scombrinés (les maquereaux). Les ichtyologistes recensent actuellement 13 espèces de thons, réparties dans les océans du monde entier.

Le thon rouge est le plus grand de tous les thons et l'un des plus grands poissons « osseux » des océans. le record actuel pris sportivement à la canne et au moulinet s'établit à 1 496 livres anglaises, soit 679 kg, ce qui n'est pas très éloigné du record toutes catégories du marlin qui tient depuis plus d'un demi-siècle avec un poisson de 1 560 livres, soit 28 kg de plus seulement. En fait si de nombreux pêcheurs sportifs dignes de foi (dont Pierre Clostermann), ont ferré et combattu des grands marlins de plus de 2 000 livres, il ne fait aucun doute non plus que dans les madragues ou matanzzas siciliennes, espagnoles ou d'Afrique du nord, des thons rouges avoisinant ou dépassant la tonne aient été capturés.

Ce poisson est souvent considéré comme une espèce propre à l'Atlantique nord et à la Méditerranée. En fait on le trouve ou le trouvait quand ses populations n'ont pas été exterminées par la pêche commerciale également dans l'Atlantique sud (côtes du Brésil et de l'Afrique du sud par exemple) ainsi que dans l'océan Pacifique. Les thons rouges étaient autrefois présents dans la mer Noire qui était peut-être la principale zone de fraye des populations « méditerranéennes ». En fait du moins pour l'Atlantique nord et la Méditerranée, il semble que même si des échanges peuvent et sont même connus pour avoir lieu au travers du détroit de Gibraltar, les stocks atlantiques et méditerranéens ne se mélangent guère. En revanche les mêmes poissons, qui peuvent vivre au moins jusqu'à trente-cinq ans, passent alternativement au cours de leurs gigantesques migrations d'un côté à l'autre de l'Atlantique, soit à la recherche de nourriture ou de lieux de fraye. Des thons marqués au large des côtes de Floride, ont été repris dans la mer de Norvège quelquefois moins de deux mois plus tard. Sur plus d'une centaine d'individus de toutes tailles, ainsi marqués d'un côté et repris de l'autre, le temps moyen de traversée est d'environ 100 jours. Un poisson suivi par satellite, parcourait en moyenne 130 km par jour (24 heures). L'essentiel de la migration semble se faire avec l'aide du Gulf Stream dans le sens Amérique Europe.

Michel Marchandise avec un poisson estimé à plus de 550 kg et qui va être relâché.

À bien des égards, ce magnifique poisson, qu'Aristote considérait déjà dans son Histoire des Animaux comme une des merveilles de la nature, constitue encore aujourd'hui une énigme pour les scientifiques. Alors que l'espèce est inlassablement poursuivie par les pêcheurs professionnels, nous n'avons pas encore percé tous les secrets de ses fantastiques migrations, pas plus que de son taux de croissance exceptionnel. Dans L'Atlantique Nord, le thon rouge atteint le poids moyen de 4 à 5 kg dès sa première année, environ 100 kg à 6 ou 7 ans et 300 kg entre 12 et 15 ans. Les poissons de 600 ou 700 kg capturés au large de Terre Neuve ou de la Nouvelle Écosse, seraient âgés d'une vingtaine à une trentaine d'années. En Méditerranée la vitesse de croissance pourrait être plus rapide encore… Les femelles atteignent leur maturité sexuelle à l'âge de quatre ou cinq ans seulement, alors qu'elles font largement plus de 30 kg ou 40 kg et représentent depuis longtemps une aubaine pour les pêcheurs professionnels. Selon leur âge et leur poids, les femelles pondent de un à trente millions d'œufs, qui aussitôt fécondés sont abandonnés aux courants. Les œufs, sont petits, gros comme une tête d'épingle (moins d'un mm de diamètre pour une espèce qui peut atteindre la tonne) et flottent entre deux eaux à un mètre ou deux sous la surface. La larve qui en éclôt rapidement, grossit encore plus rapidement non sans avoir au cours de ses premières semaines d'existence, payé un très lourd tribut à tous les petits poissons pélagiques planctonophages (anchois, sardines, maquereaux etc.) qui deviendront à leur tour plus tard la principale source de nourriture des rescapés de ce grand festin toujours renouvelé des océans. Une des remarquables particularités physiologiques des thons réside dans leur système circulatoire qui en fait, chose exceptionnelle parmi les poissons, des animaux pour ainsi dire à sang chaud. Un cœur énorme, une très forte quantité de sang particulièrement riche en hémoglobine (qui lui donne justement cette couleur rouge sang), la plus grande surface branchiale connue chez un poisson et un réseau artériel et veineux très spécialisé, permettent au thon d'élever sa température interne de plus de 10 °C par rapport à celle du milieu ambiant. Alors que chez la plupart des poissons la chaleur produite par la contraction musculaire est dissipée au niveau des branchies, lors du passage du sang nécessaires aux échanges gazeux, chez les thons, cette chaleur peut être conservée, économisée pourrait-on dire et va servir à maintenir une véritable thermorégulation, permettant à notre poisson d'être aussi à l'aise dans une mer tropicale et une eau à 31 °C que dans un environnement arctique à 4 °C. Avec certains requins, le thon rouge est le seul poisson marin qui puisse supporter de tels écarts thermiques tout en maintenant son activité nutritionnelle. Lorsqu'il doit fournir un effort musculaire soutenu, voyage de migration, ou lutte au bout d'une ligne, cette augmentation de la température interne, explique la fantastique combativité de l'animal, sa puissance musculaire se trouvant multipliée par trois tous les dix degrés d'écart. En fait des études récentes ont révélé une température interne atteignant 31 °C pour un thon nageant dans une eau à 10 °C soit plus de vingt degrés d'écart, multipliant ainsi par six sa puissance musculaire.

Tous les phénomènes métaboliques se trouvent d'ailleurs accélérés du fait de cette élévation de température, et la digestion comme l'assimilation de la nourriture se font très rapidement et ne nécessitent qu'un tout petit estomac, économisant de la place pour plus de masse musculaire encore. Pierre Clostermann comparait ces poissons à de gigantesques biceps qui nageraient… et c'est exactement de cela qu'il s'agit. Véritables torpilles musculaires à l'hydrodynamisme parfait, ces poissons ont été chronométrés à plus de 55 mph, soit presque 90 km/h. Une fois lancés, tout ce qui n'est plus nécessaire à la propulsion ou gênerait tant soit peu la pénétration dans l'eau, s'efface, s'escamote en fait. Les nageoires pectorales se plaquent le long du corps dans des dépressions à cet effet et la dorsale se plie et disparaît complètement dans une rainure formant gaine sur le dessus du dos. Face à un ennemi potentiel – en fait à l'état adulte, en dehors de l'homme, le thon rouge ne craint que le requin mako (lui aussi capable d'élever sa température interne) et l'orque – la seule

défense des thons réside dans la fuite. Les pêcheurs sportifs le savent bien, dont les énormes moulinets fument dès que le thon a ressenti la brûlure du fer de l'hameçon.
Sur nos côtes, que ce soit dans le golfe de Gascogne ou en Méditerranée, la pêche des « petits » thons rouges pesant entre 10 et 40 kg se pratiquait surtout à la traîne rapide, au-dessus de grands fonds, assez loin des rivages, en utilisant différents leurres artificiels, dont les plus utilisés et les plus efficaces sont les cuillers ondulantes, les plumes, les « couennes » et les poissons nageurs de type Rapala. Ces poissons vivaient en bancs d'autant plus nombreux qu'ils étaient plus petits, de plusieurs centaines à quelques milliers d'individus. Les grands thons, disons à partir de cent kilos, voyagent eux en petits groupes, voire en solitaire pour les très gros (250, 300 kg et au-delà) du moins en Méditerranée, car au large de la Floride, avant qu'ils ne soient décimés par la pêche commerciale, les bancs de plusieurs centaines de gros thons (400 à 600 livres) voyageant en surface n'étaient pas rares il y a seulement trente ans. Leur pêche se déroulait à vue, à la traîne, en présentant des appâts frais, nageant à la perfection à grande vitesse (mulets, maquereaux…). Sur les côtes méditerranéennes, les poissons ne sont ni assez nombreux, ni assez concentrés en un endroit de passage pour les pêcher ainsi à la traîne. La pêche se pratique au « broumé », qui consiste après avoir ancré le bateau sur un fond que l'on espère propice (30 à 80 mètres de profondeur en moyenne entre 10 et 30 miles de la côte), à les attirer vers celui-ci en « broumégeant », c'est-à-dire en jetant sans discontinuer des sardines par-dessus bord, que les courants entraînent et qui croiseront peut-être le chemin d'un grand poisson en maraude. Tel le petit Poucet, l'énorme thon remontera alors la piste en suivant les sardines, qui le rapprocheront progressivement du bateau. Bien évidemment, au cul de celui-ci, trois lignes montées sur de fortes cannes et d'énormes moulinets (80 ou 130 livres de résistance), présenteront à des profondeurs de 10, 20 et 30 mètres, des sardines, dans lesquelles celles-là, sont dissimulés de forts hameçons. Dans tout le golfe du Lion de Perpignan au delta du Rhône, cette grande pêche sportive connut en France ses heures de gloire, auxquelles notre club participa activement, du milieu des années soixante à la fin des années quatre-vingt-dix. C'est au début du troisième millénaire qu'avec la mode des sushis bars, l'envolée des prix du thon rouge entraîna une surpêche industrielle, qui en Méditerranée faillit aboutir à l'extinction de l'espèce. N'eut été les actions relayées par les médias grand public du WWF, de Greenpeace et du BGFCF, il n'y aurait certainement aujourd'hui plus de thons rouges méditerranéens. Après maintenant plus de dix ans d'instauration de quotas et de limitation dans le temps de pêche à la senne tournante sur les frayères, les thons commencent à faire leur réapparition dans la grande Bleue. D'ailleurs depuis trois ans maintenant, les clubs languedociens et provençaux, peuvent recommencer d'organiser des tournois de pêche de ces grands poissons au broumé mais bien évidemment en « catch and release ».

Attention : il y a thon rouge et thon rouge !

Le Dr Charles Frederick Holder que l'on doit considérer comme le père fondateur de la grande pêche sportive, fut à l'origine en 1898 de la construction des bâtiments du fameux Tuna Club d'Avalon sur l'île de Santa Catalina au large de Los Angeles. C'est en effet à quelques encablures de cette île, qu'il avait capturé cette même année un thon « Bluefin » (espèce appelée thon rouge chez nous) de 183 livres. Le Dr Holder, éminent zoologiste (il fut également le conservateur des collections du Museum d'Histoire Naturelle de New York), enregistra son « thon » qui était un record du monde à l'époque sur ligne de 9 brins, sous le nom d'espèce Thunnus thynnus.
N'oublions pas que nous étions là, au large de la Californie, dans l'océan Pacifique, mais qu'il ne faisait aucun doute à l'époque, pour les pêcheurs comme pour les scientifiques, que ces thons californiens étaient absolument identiques à leurs congénères de l'Atlantique, que d'ailleurs depuis déjà un bon demi-siècle une importante communauté basque immigrée sur la côte ouest américaine, pêchait professionnellement avec les techniques importées de Saint-Jean de Luz ou San Sebastian. D'ailleurs ces thons californiens du point de vue de leurs habitudes de chasse en surface ainsi que de leur poids moyen compris entre 30 et 100 kg, semblaient l'exacte référence des thons atlantiques du pays Basque.

Et n'y avait-il pas également au large de la Californie, exactement comme dans le golfe de Gascogne, des thons blancs ou germons (Thunnus alalunga) que les pêcheurs basques exploitaient à la « peita » de la même façon que leurs ancêtres.

Mais pour en revenir aux thons rouges, qui seuls nous intéressent ici, il semble bien un siècle plus tard, avec les progrès de l'ichtyozoologie et surtout de la génétique, que le Dr Holder ainsi que les éminents spécialistes du Muséum de New York se soient trompés. Si les thons blancs ou germons semblent bien n'appartenir qu'à une seule et même espèce dans l'Atlantique, la Méditerranée, le Pacifique et l'océan Indien, il en va différemment des thons rouges ou « bluefin » des Anglo-Saxons.

Aujourd'hui, il faut distinguer au moins trois espèces bien distinctes de « thons rouges », même si l'aspect extérieur ainsi que la morphologie de ces poissons paraissent en tous points identiques. Et cette distinction n'a rien à voir avec le poids ou la taille des poissons. Les gros thons méditerranéens, les géants de Bimini ou de Nouvelle Écosse, ou les thons beaucoup plus petits du golfe de Gascogne, ainsi d'ailleurs que ceux du Brésil (qui semblent avoir disparu) appartiennent tous à l'espèce Thunnus thynnus (thon rouge ou bluefin tuna de l'Atlantique), et ce, même si les populations de part et d'autre de l'océan atlantique, présenteraient de légères variations génétiques d'après quelques scientifiques.

En revanche, les thons rouges ou bluefins californiens doivent avec les thons japonais être classés dans une espèce différente : Thunnus orientalis, le Thon rouge ou Bluefin du Pacifique Nord, mais qui ne s'empêche d'aller se promener dans le Pacifique Sud, très en dessous de l'équateur, jusqu'en Nouvelle-Zélande. Car et c'est là que les choses se compliquent, la génétique vient de prouver, que les thons rouges ou bluefins des côtes australiennes et néo-zélandaises, s'ils sont bien « pacifiques » appartiendraient eux à une troisième espèce : Thunnus maccoyi, inféodée en principe au Pacifique Sud, mais pouvant faire des incursions (migrations) dans les eaux japonaises par exemple, donc très au nord de l'équateur. Les océans en effet ne connaissent pas de frontières et s'il est reconnu par les suivis de marques satellitaires qu'un certain pourcentage de thons rouges atlantiques (ou méditerranéens) Thunnus thynnus passent d'un bord à l'autre de cet océan, peut-être encore plus grands voyageurs, des thons rouges du Pacifique Nord ou du Pacifique Sud migreraient régulièrement entre la Nouvelle-Zélande et l'archipel nippon…

Mais au niveau de la diagnose de l'espèce, la seule chose qui importe est la génétique. À tel point que l'Igfa depuis l'année dernière et la capture sportive d'énormes thons rouges au large de la Nouvelle-Zélande (nouveau record établi à 907 lbs… par une femme) demande pour l'homologation de ces poissons dans l'une ou l'autre des deux espèces « pacifiques », une analyse génétique. Analyse que l'Igfa réalisera sur un peu de mucus, ou mieux un petit bout de nageoire ou de muscle.

Zane Grey avec son thon géant de 758 livres capturé en 1924 en Nouvelle Écosse.

La marque de type spaghetti est bien visible sur l'épaule de ce petit marlin bleu du Cap Vert qui va être relâché.

Chapitre 4

Dans la famille marlins

❦

Seigneurs des océans (leur nom scientifique « Makaira » attribué par le grand Lacépède, signifie chevalier en gaélique), les marlins bleus (dans l'Atlantique et l'Indo-Pacifique) et noirs (uniquement dans l'Indo-Pacifique) sont les plus grands des poissons à rostre. Si le record sportif actuel : 1 560 lbs soit 707 kg pour un « noir » pris au large du Pérou, date de 1953, il ne fait aucun doute que des poissons avoisinant ou dépassant la tonne (poids d'un taureau charolais) croisent dans les océans. De tels spécimens de marlins, bleus ou noirs ont été pris par les long-liners japonais dans le Pacifique. On parle même de « bleus » qui étêtés, éviscérés et rendus à Tokyo dépassaient le poids d'une tonne.
Des pêcheurs sportifs et surtout leurs équipages dignes de foi, ont tenu parfois durant de très longues heures des marlins de prés de 2 000 livres. Quelques-uns furent même capturés et pesés, mais non homologués car combattus par plusieurs pêcheurs se relayant, ce qui est contraire aux règles très strictes de la grande pêche sportive. Tel est le cas d'un bleu de 1 805 livres combattu et capturé par trois touristes californiens, aidés de plus par l'équipage au large d'Hawaï en 1972. Le fantastique poisson du *Vieil homme et la mer* d'Hemingway, était bel et bien un marlin bleu et non pas un espadon (Xiphias gladius) comme il fut traduit en français par la Nrf.
Les marlins nagent en fait dans toutes les mers tropicales, à la poursuite des bancs de bonites, de coryphènes, de petits thons et de calmars. Ce sont de grands migrateurs transocéaniques, dont les routes sont maintenant suivies par satellite pour le compte des pêcheries professionnelles japonaises, coréennes ou chinoises. Ils se nourrissent plutôt en surface et sont des prédateurs diurnes, contrairement à l'espadon qui lui chasse surtout en profondeur et de nuit.
Ce qui n'empêche pas un marlin bleu qui a ressenti la piqûre de l'hameçon de plonger à plus de trois cents mètres en quelques minutes après avoir godillé à prés de 80 km/h sur la crête des vagues pendant les cinq premières minutes du combat. Le bleu est le plus combatif des marlins, le plus imprévisible aussi, celui qui se défend avec une fougue incroyable pour un aussi gros

*À Cairns, un « grander »
(marlin noir de plus de 1 000 livres)
prêt à être marqué.*

poisson. Le marlin noir, magnifique sauteur lui aussi, se rapproche plus volontiers des côtes que son cousin et chasse volontiers dans les eaux vertes au-dessus du plateau continental, dans des profondeurs inférieures à 100 m. Une fois ferré, il ne se défend pas avec autant de brio que le bleu, se dépense moins en sauts désordonnés et utilise plutôt sa force que sa vitesse. Au large de Cairns (Province du Queensland, Australie) entre la mi-septembre et la fin novembre, se rassemblent chaque année d'incroyables concentrations de marlins noirs géants.

Ces poissons qui viennent frayer dans les eaux peu profondes qui bordent la grande barrière de corail attirent les plus grands et les plus riches pêcheurs sportifs de la planète. Les réservations de bateaux doivent se faire plus d'un an à l'avance, et les prix l'année dernière, variaient selon les skippers entre 2 500 et 4 000 dollars australiens par jour. Pour ce prix-là, vous n'aurez le droit (les règles sont très strictes) de ramener un marlin que si c'est votre premier poisson, si c'est un « grander » (plus de 1 000 livres) ou si c'est un record du monde potentiel.

Tous les autres poissons devront être relâchés après avoir été marqués, ce qui permettra ultérieurement de connaître leurs migrations. Les équipages sont fantastiquement professionnels et si vous en avez les moyens, Cairns est certainement l'endroit du monde où vous aurez les plus grandes chances de ferrer et de combattre avec succès un poisson à rostre de plus de 1 000 livres.

parmi les autres bonnes destinations pour le marlin noir, il faut citer l'Île Maurice, Panama, l'Équateur et la Nouvelle-Zélande. Pour les bleus, présents eux dans toutes les mers tropicales, vous aurez l'embarras du choix. Malheureusement nulle part dans le monde, ils semblent se concentrer auprès des côtes comme leurs cousins.

Si les pêcheurs américains poursuivent cette espèce dans la mer des Caraïbes (depuis la Floride, le golfe du Mexique, les Bahamas, les îles Vierges, Cuba et Saint Domingue) et surtout à Hawaï côté Pacifique, leurs homologues français (Pierre Clostermann et Sacha Tolstoï en tête) ont découvert il y a une trentaine d'années, que les côtes atlantiques de l'Afrique, valaient certainement question nombre de poissons et surtout poids, les meilleures destinations américaines.

Au large du Gabon, du Cameroun et surtout de la Côte d'Ivoire, des bleus de plus de 1 000 livres ont été combattus et presque toujours perdus par des équipages inexpérimentés sur des bateaux moins performants que les Hatteras, Bertram et autres Rybovich des sportsmen US.

Si les marlins bleus et noirs sont les poids lourds de la famille, les marlins rayés en sont les poids moyens dont la fougue et les acrobaties aériennes sont un régal si vous leur opposez une ligne légère (12 à 30 livres). D'un poids moyen de 150 à 180 livres, on les rencontre uniquement dans les océans indien et Pacifique, mais souvent en grande concentration au voisinage des côtes.

C'est le cas au large du Mexique (Cabo san Luca) et de l'Équateur (Salinas) où il n'est pas rare de voir plusieurs dizaines de poissons par jour, croisant en surface, le lobe supérieur de la caudale hors de l'eau.

Dans ces eaux, il est tout à fait possible de faire mordre ces magnifiques combattants à la mouche, selon les règles IGFA, c'est-à-dire, moteur débrayé au point mort et lancer du streamer ou du gros popper sur un poisson repéré en surface ou attiré dans le sillage du bateau.

Le poids plume enfin des marlins est le blanc, qui ne dépasse qu'exceptionnellement les 50 kg mais compense en vivacité et cabrioles aériennes son déficit de poids.

On le rencontre uniquement lui dans l'Atlantique, aussi bien sur les côtes américaines (Brésil et Vénézuela, pour les plus grandes concentrations) qu'africaines (Canaries et côtes marocaines). Il mord très bien en surface, aussi bien aux appâts naturels (voir pêche de l'espadon voilier) qu'aux petits leurres ou à la mouche.

Marlin bleu versus…

Tout d'abord, contrairement à ce que croient beaucoup de pêcheurs de « tout gros », les marlins bleus sont les vrais géants de la famille. Si beaucoup moins de bleus que de noirs pesant plus de mille livres ont été capturés par des pêcheurs sportifs, si quatre marlins noirs de plus de 1 500 livres sont homologués dans le livre des records, il n'empêche qu'au moins quatre marlins bleus de plus de 1 800 livres ont été pesés, sinon homologués par l'Igfa, car leur capture ne répondait pas aux règles de sportivité. À Honolulu un bleu de 1805 lbs (820 kg) fut combattu pendant douze heures par trois pêcheurs qui se sont relayés, à Tahiti un 1 840 lbs (835 kg) fut capturé par un pêcheur local sur une ligne à main et fut pesé et vendu sur le marché de Papeete. Pour rester à Tahiti, Peter Wright nous dit avoir vu accroché sur le mur de l'agence de location de voiture Hertz de Papeete, les queues séchées de ce poisson et d'un autre encore plus gros, qui nous dit-il devait peser plus d'une tonne.

Pour rester dans la comparaison du poids de ces espèces respectives, il faut également considérer, que bien que plus de 800 marlins noirs géants aient été pesés à Cairns (Australie) depuis une cinquantaine d'années, aucun n'a accusé sur la balance un poids supérieur à 1 500 lbs. Rappelons a contrario, qu'en l'espace de quatre années, de 1952 à 1955 quatre marlins noirs de plus de 1 500 lbs ont été capturés au Pérou à Cabo Blanco. Il semblerait qu'à l'époque l'abondance des anchois et des bonites dans les eaux péruviennes soit à l'origine de ces records de poids de marlins noirs… Mais comme les mensurations des quatre marlins noirs de plus de 1 500 livres pesés à Cabo Blanco, sont inférieures en longueur comme en tour de taille à celles de poissons d'environ 1 300 livres pesés à Cairns, certains esprits critiques, avancent le fait que la balance du port de Cabo Blanco qui n'avait pas été vérifiée depuis longtemps, était sans doute défectueuse.

Les marlins noirs qu'on ne rencontre que dans les Océans Indien et Pacifique, n'hésitent pas à s'aventurer en eau peu profonde, au-dessus des plateaux continentaux et à ras des barrières de corail ou de toute autre structure immergée. Les meilleurs spots pour cette espèce sont la grande barrière australienne, la barrière du Mozambique, la côte Pacifique du Panama et de plusieurs autres pays d'Amérique centrale et latine. Les marlins bleus sont eux rencontrés aussi bien dans l'Atlantique que

... marlin noir

dans l'immense Indo-Pacifique et contrairement aux noirs ne sont pas inféodés à des hauts fonds ou au voisinage de côtes. De ce fait de nombreuses populations de ces poissons sont en plein milieu des océans hors d'atteinte des pêcheurs sportifs mais pas des palangriers (long-liners). Les meilleurs spots à marlins bleus, semblent être des îles ou des hauts-fonds situés loin des côtes, au milieu des océans : les Açores, les Canaries, Madère, les Îles du Cap Vert dans l'Atlantique, Hawaï, Tahiti dans le Pacifique. Comme ils ne sont pas plus noirs ou bleus l'un que l'autre, la meilleure façon de les différencier à coup sûr, est la rigidité des nageoires pectorales qui chez le noir ne peuvent pas se replier contre corps. Les biologistes pensent que ces nageoires agissent un peu comme des stabilisateurs de nage et des économiseurs d'énergie en vitesse de croisière. À l'inverse, le bleu qui peut replier ses pectorales devient beaucoup plus hydrodynamique aux vitesses de pointe et capable d'accélérations inconnues chez le noir. La plupart des gros marlins bleus ferrés sont perdus, au cours des premières minutes du combat, alors que les grands marlins noirs sont plutôt cassés au cours de combats endurants, après de longues heures de bagarre. Pour Peter Wright, les bleus sont les purs sangs des océans alors que les noirs en seraient les percherons.

Les deux espèces sont extrêmement opportunistes du point de vue de leur régime alimentaire et adoptent en plat du jour les espèces les plus abondantes dans leurs zones de chasse. En dehors des bonites, des petits thons, des maquereaux de grande taille (squad, thazards), des coryphènes, on a trouvé dans leurs contenus stomacaux des langoustes, des calmars, des bonefish, des dorades et même des mérous. Quand ils attaquent les leurres ou les appâts, les bleus sont beaucoup plus agressifs et rapides que les noirs, et suivent rarement pendant de longues minutes avant de se décider. Peter Wright cite au contraire le cas de nombreux marlins noirs qui suivirent pendant plus de dix minutes, les appâts de ses clients, avant d'attaquer. Il se souvient même d'un noir qui ne se décida à attaquer un poisson mort à flapper qu'après une poursuite inspection de 45 minutes Enfin qu'il soit noir ou bleu, si avec de grandes mains vous n'arrivez pas à faire le tour du pédoncule caudal d'un marlin que vous venez de capturer, il y a de grandes chances pour que ce poisson pèse plus de mille livres.

Il ne faut pas se fier aux apparences : un marlin peut en cacher un autre

Une étude sur les séquences d'ADN des poissons de la famille des Istiophoridés (marlins, espadons voiliers, lanciers), vient de révéler bien des surprises, aux scientifiques.
Ainsi, les analyses d'ADN réalisées sur de nombreux sailfish (espadons voiliers) tant atlantiques que pacifiques, montrent que ces poissons sont très apparentés aux marlins bleus. Et même si l'apparence externe des marlins bleus et noirs (géants de la famille) peut quelquefois prêter à confusion, les scientifiques nous révèlent que Makaira indica (le marlin noir) et Makaira nigricans (le marlin bleu) sont en fait très différents l'un de l'autre et même très éloignés d'un point de vue phylogénétique. À tel point que lors du dernier congrès sur la classification des espèces, les spécialistes de ces poissons, ont décidé de changer le nom de genre du marlin noir, qui désormais ne s'appellera plus pour la science, Makaira indica mais Istiompax indica. Le comte de Lacépède n'a vraiment pas eu de chance, lui qui s'était déjà trompé en 1802 en affublant du nom d'espèce nigricans le spécimen de marlin bleu ramené des Antilles, qu'il observa à La Rochelle après plusieurs semaines de mer et dont le mauvais état de conservation avait fait « viré » la peau au noir (nigricans). Il vient donc maintenant d'être désavoué sur le nom de genre Makaira (qui signifie chevalier en gaélique) qu'il avait donné également à son cousin, le marlin noir et qui désormais doit s'appeler Istiompax. D'un strict point de vue génétique, il y a en effet de bien plus grandes différences entre les marlins bleus et les marlins noirs qu'entre les marlins bleus et les espadons voiliers.
Les mêmes analyses génétiques ont montré que les marlins blancs et rayés anciennement dénommés Tetrapturus albidus et Tetrapturus audax, devaient également être « débaptisés » puisque très éloignés des lanciers (Spearfish) qui eux conservent le nom de genre Tetrapturus. Désormais le marlin blanc sera Kajikia albidus et le marlin rayé Kajikia audax. Qu'on se le dise !

Marlins records : pas pesés, pas pris !

Depuis les années trente et le réel début de la pêche sportive des grands poissons à rostre, des pêcheurs dignes de foi ont tenu parfois durant de très longues heures des marlins d'un poids estimé (par eux et par l'équipage) à plus de 1 560 livres, soit l'actuel record datant de 1953, et enregistré par l'Igfa. Quelques-uns de ces marlins furent même capturés et pesés, mais non homologués car combattus par plusieurs pêcheurs se relayant, ce qui est contraire aux règles très strictes de la grande pêche sportive. Tel est le cas d'un bleu de 1 805 livres combattu et capturé par trois touristes californiens, aidés de plus par l'équipage au large d'Hawaï en 1972.

Peter Wright, probablement le meilleur skipper actuel, qui détient le record de « granders » des deux espèces, noir et bleu, pris par ses clients, affichait l'année dernière à son palmarès 77 poissons pris, d'un poids estimé ou pesé de plus de mille livres. Le plus gros poisson qu'il estime avoir vu, fut le noir de 1 442 livres qu'un de ses clients prit en 1973 sur la grande barrière australienne. Toujours à Cairns, le capitaine Dennis « Brazakka » Wallace qui arrive en seconde position avec 60 « granders » à son palmarès reconnaît que le plus gros qu'il ait pesé pour son célèbre client d'Hollywood Lee Marvin, accusait seulement 1 320 livres sur la balance du dock. Bien sûr en plus de quarante années de pêche au large de la grande barrière, il a vu et tenu des poissons plus gros, mais il est difficile admet-il, même quand le poisson saute près du bateau de le peser d'un simple clin d'œil.

Le record de durée pour un combat entre un marlin et un pêcheur revient à Tommy Resha qui dans les Caraïbes resta « attelé » 32 heures et 40 minutes avec un bleu estimé à au moins 1 800 livres et finalement perdu au bateau dans une tentative désespérée de gaffage. Pour revenir en Australie le capitaine Bryan Felton raconte qu'un jour il ferra un poisson plus gros qu'il ne crut pouvoir en exister. Ce marlin noir se décrocha après quelques sauts « au cul du bateau ». Chaque fois qu'il retombait, raconte-t-il, la dépression qu'il laissait dans l'eau, faisait l'effet d'une bombe lâchée d'un avion. Moins d'une heure plus tard, dans la même zone de pêche, continua Felton, ce qui nous sembla tout d'abord être un « petit » marlin, attaqua un de nos appâts, après quelques péripéties il arriva au bateau et nous le gaffâmes… Arrivé au dock de Cairns, il pesait tout de même 1 256 livres, mais nous avait paru ridicule comparé à celui qui une heure plus tôt avait avalé la bonite.

Enfin et pour terminer, le plus fantastique marlin dont des dizaines de millions de gens ont entendu parler, est bien évidemment le grand poisson du *Vieil homme et la mer* d'Hemingway. Un marlin bleu gigantesque et non un espadon comme il en rôde certainement encore dans les profondeurs du Gulf Stream.

Une jolie pêcheuse à Dakar, à la grande époque.

Chapitre 5

L'espadon voilier

❦

Même si l'Igfa continue de reconnaître des records distincts de sailfish « atlantique » et « indopacifique », pour nombre de scientifiques l'espadon voilier (sailfish des Anglo-Saxons), qui est en fait un marlin, ne serait représenté dans tous les océans, que par une seule et même espèce : Istiophorus platypterus. En 1658 quand il écrivit son *Histoire naturelle et morale des îles Antilles de l'Amérique* l'explorateur Charles de Rochefort le surnomma Bécasse de mer, par référence au rostre de notre poisson, et ce nom est quelquefois encore employé en Martinique et en Guadeloupe.
Le voilier appartient à la famille des Istiophoridés qui comprend également les marlins. Ces grands poissons pélagiques sont largement distribués dans toutes les eaux chaudes tropicales et subtropicales du globe. La seule différence notable entre les « sous-espèces » Atlantique ou Indo-Pacifique, porte sur la taille et le poids des sujets qui peuvent dépasser les 100 kg dans le Pacifique alors qu'ils atteignent rarement la moitié de ce poids dans l'Atlantique.
Facilement reconnaissables à leur immense nageoire dorsale en forme de voile ou d'étendard qui leur a donné son nom, les voiliers sont identifiables immédiatement et sans erreur possible. Le dos est bleu nuit allant en s'éclaircissant sur les flancs pour devenir blanc argenté sur le ventre. La voile bleu cobalt avec des reflets violacés est constellée de points noirs. Le corps est allongé, comprimé latéralement de façon beaucoup plus prononcée que chez les marlins, les nageoires pectorales sont de taille moyenne mais les pelviennes qui se rangent dans un « étui » situé sur la face ventrale du corps, sont les plus longues de tous les poissons de cette famille. L'espadon voilier est certainement le poisson à rostre le plus répandu dans les eaux chaudes du monde entier. Sur les côtes américaines de l'Atlantique on le trouve depuis le nord de la Floride et même la Caroline, et en descendant vers le sud sans discontinuer jusqu'à la latitude de Rio de Janeiro au Brésil. Côté africain, son aire de répartition s'étend depuis le nord du Sénégal jusqu'en Angola, pays où sont d'ailleurs capturés les plus gros spécimens atlantiques. Dans l'océan Indien on le trouve depuis la Somalie jusqu'en Afrique du sud ainsi que sur la plupart des côtes asiatiques de la zone intertropicale. Dans le Pacifique ses limites de répartition côté américain semblent être le sud de la Californie au nord et le Pérou au sud. À signaler qu'une petite population subsiste en Méditerranée et semble s'étoffer ces dernières années.

Roger Hoydrie, champion du gardon au chènevis à Puteaux, avec son premier espadon voilier dakarois.

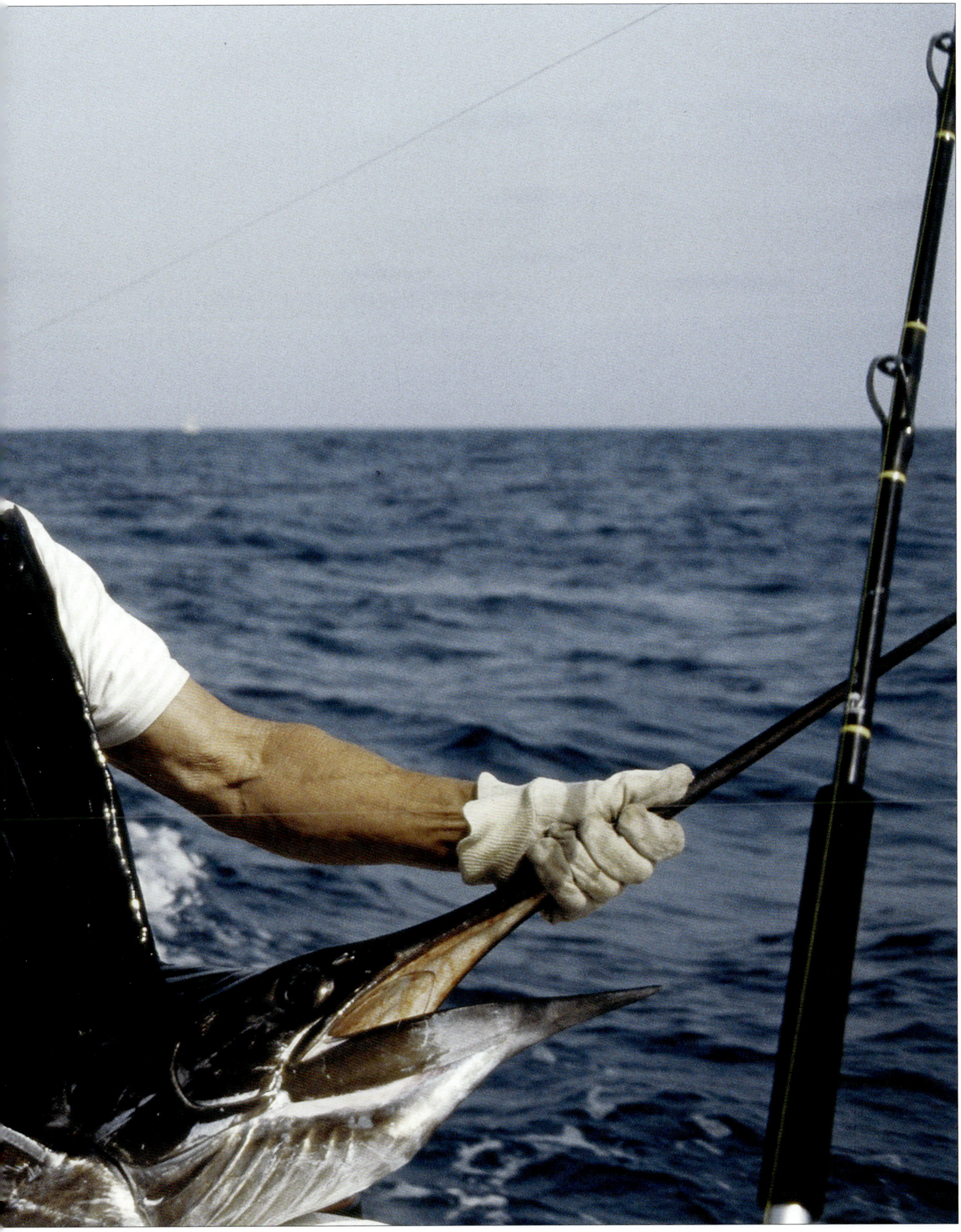

Jacques Montupet grand estourbisseur de saumons atlantiques avec un espadon voilier pacifique pris à la mouche au Guatemala.

Le développement de ces poissons est parmi les plus rapides que l'on connaisse, pouvant atteindre le poids de trois kilos pour une longueur rostre compris de 1,30 m en six mois à peine. La longévité moyenne, d'après des expériences de marquage, semble être de 5 à 7 ans et l'âge de 10 ans serait rarement atteint. La fraye a lieu dans l'Atlantique entre Avril et Novembre, une grosse femelle pouvant donner jusqu'à cinq millions d'œufs de très petite taille puisqu'inférieurs à un millimètre de diamètre. Sur des « larves » de 3 cm de long, il est remarquable de noter que la dorsale en forme de voile est déjà bien développée. À ce stade, l'alevin ne présente pas de rostre, mais deux mâchoires d'égale longueur, garnies de nombreuses et proéminentes dents acérées. Très vite cependant le maxillaire supérieur va s'allonger, mais conservera ses dents pendant encore quelques semaines. Dès qu'il atteindra environ 25 cm, toutes les caractéristiques du stade larvaire auront disparu et en dehors de certaines proportions du corps, le jeune voilier aura l'apparence de l'adulte. Dès ce stade, il se nourrira abondamment aux dépens des bancs de poisson fourrage : maquereaux, sardines, ballyhoo, anchois, mais aussi de calmars. Adultes ils se regrouperont volontiers en groupe de quelques individus, chassant activement dans les couches proches de la surface durant la journée. Cependant l'étude du contenu stomacal, de nombreux spécimens a révélé de par la nature et le nombre des proies qui y furent trouvées que ces poissons se nourrissent également à mi-eau et même sur le fond ou les parois des récifs immergés.

Pêche sportive : Un peu partout dans le monde, l'espadon voilier, n'est plus pêché aujourd'hui que sur ligne légère (light tackle) voire ultra-légère. La classe des fils de 30 livres ne devrait être réservée qu'aux débutants, les lignes de 12 et 20 livres étant certainement celles qui permettent le mieux à ces fantastiques lutteurs de haut vol de s'exprimer pour le plus grand plaisir du pêcheur et des spectateurs éventuels. Au large de Dakar où tous les étés à partir des mois de juin, mais surtout en juillet, août et septembre, se rassemblaient de fantastiques concentrations de ces poissons (ce qui n'est malheureusement plus le cas aujourd'hui), il n'était pas rare, une journée faste, de ferrer une vingtaine de ces magnifiques combattants qui au cours des premières minutes de bagarre, passaient autant de temps dans l'air que dans l'eau.

La traîne aux appâts naturels est de loin la méthode la plus employée un peu partout dans le monde. Sur les côtes de Floride, les appâts les plus couramment employés sont de petits mulets ou des ballyhoo ou à défaut, un « strip » découpé dans un ventre de bonite ou de barracuda. À Dakar, les « yaboy » ou sardinelles, sortes de grosses sardines constituaient le poisson fourrage de prédilection. Leurs bancs immenses ont malheureusement été réduits à la portion congrue, depuis une vingtaine d'années par la pêche industrielle. Au large de Miami, les appâts sont généralement « débonés », ce qui signifie qu'on leur a enlevé au moyen d'un instrument spécial, la colonne vertébrale afin qu'ils restent très souples dans le sillage du bateau. À Dakar, les yaboy étaient plus simplement fendus sur

Un espadon voilier du Sénégal prêt à être relâché.

un flanc depuis l'aplomb de la nageoire anale, jusqu'à la tête, ce qui leur permettaient de mieux « flapper » en surface et dégager de plus des effluves auxquelles les voiliers n'étaient pas insensibles. La vitesse de traîne doit être lente, autour de cinq nœuds et les appâts disposés entre dix et vingt mètres de l'arrière du bateau. Il semblerait que la zone la plus régulièrement attractive, soit la limite de l'écume créée par le sillage du bateau, là où les vagues s'affaissent. La touche, est souvent précédée d'une course-poursuite du voilier derrière le poisson qui « flappe » en surface. À coups de rostres

Comme tous les poissons de la famille des marlins, l'espadon voilier a une queue largement fourchue, responsable de leurs fantastiques pointes de vitesse.

rageurs, frappant de droite et de gauche, l'espadon essaye de « tuer » l'appât qui continue sa course sur les vagues. Ce manège, un des plus beaux spectacles qu'il soit donné à un pêcheur d'observer, se poursuivra quelquefois au-delà d'une minute, le grand poisson faisant claquer sa voile en la dépliant et repliant comme un immense éventail mouillé, plusieurs fois de suite au-dessus de la surface des eaux bleues. D'autres fois, surgissant de dessous les vagues, l'appât sera pris et engamé dans un seul mouvement et seul le bruit sec de la ligne qui se décroche du tangon ou le déroulement du cliquet du moulinet vous indiquera la touche. La technique du « drop back » la plus employée lorsqu'on pêche avec des appâts naturels, consiste alors à laisser se retourner l'espadon et filer sur plusieurs dizaines de mètres avant de ferrer. On conseille aux débutants d'attendre ainsi, moulinet en roue libre, une dizaine de secondes avant d'enclencher la bobine dont le frein aura été préalablement réglé. En fait, avec un peu d'expérience, on remarquera très aisément deux musiques dans le déroulement de la ligne. Tant qu'il n'a pas senti le fer de l'hameçon, en fait, tant qu'il tient le poisson dans son bec, l'espadon nage tout à fait tranquillement, comme il le fait d'habitude après avoir saisi une proie, et la bobine cliquette régulièrement, gentiment pourrait-on dire. Dès qu'il avale l'appât et reconnaît la supercherie, il s'affole et accélère sa nage et du même coup la bobine dont le cliquet va crescendo. C'est le moment de ferrer.

La traîne aux leurres se pratiquera plus rapidement (8 à 9 nœuds) avec des leurres de petites tailles, plugs, plumes, petits teasers armés ou calmars en matière plastique souple. Elle peut sauver une partie de pêche, quand les voiliers gavés d'anchois ou de sardinelles, n'accordent aucun intérêt aux appâts naturels et préfèrent s'exciter sur les teasers. De très petits leurres, de la taille couramment employée pour le bar sur nos côtes, seront alors quelquefois attaqués. Les hameçons devront être particulièrement aiguisés car le ferrage devra intervenir immédiatement dans les parties dures de la bouche.

> Dès qu'il avale l'appât et reconnaît la supercherie, il s'affole et accélère sa nage.

De tous les poissons à rostre l'espadon voilier est certainement avec le marlin blanc, le représentant le plus facile à faire mordre et à capturer sur un hameçon orné de plumes et de tinsels. Mais attention, si vous voulez que votre prise soit réellement considérée comme une capture « mouche », il faudra que vous ayez lancé depuis un bateau dont le moteur aura été débrayé vers un poisson attiré ou repéré en surface et non pas traîner dans le sillage du bateau, une mouche, fut-ce sur du matériel du même nom. Du fait de leur agressivité et de leur tendance naturelle à chasser en surface de petites proies, les voiliers sont des cibles rêvées pour les pêcheurs à la mouche en mer. La meilleure méthode, mise au point par les pêcheurs américains consiste dans un premier temps à attirer le poisson en surface et à lui présenter un appât naturel assez résistant (ventre de bonite par exemple) monté sur un long morceau de 100 ou 120 centièmes, sans hameçon, avec lequel on va jouer avec lui au chat et à la souris. Pendant que le pêcheur se tient prêt à lancer sa mouche, l'aide ou le marin, rapproche progressivement l'espadon de la plage arrière du bateau, en lui laissant prendre le ventre de bonite puis en le lui arrachant, et ainsi de suite jusqu'à ce qu'il soit à distance de lancer. À ce moment une parfaite coordination des partenaires est indispensable, car dans pratiquement le même temps, l'aide doit arracher complètement cette fois son repas au poisson, et la mouche tomber à proximité du rostre de celui-ci. La frustration et la colère du prédateur le font quand tout se passe bien, se jeter sur le streamer ou le popper. Les spécialistes de cette pêche au Costa Rica conseillent de laisser pendre le long du ventre de bonite, une fausse mouche montée sur une hampe d'hameçon et bien évidemment de la même taille et couleur que celle que le pêcheur se prépare à lancer. Le voilier pendant sa mise en condition aura eu tout le temps d'associer cette chose colorée de plumes et de tinsel avec le goût succulent du strip de bonite qui vient de lui échapper et sautera avec d'autant plus d'agressivité qu'il avait faim, sur votre vraie mouche cette fois. Je vous souhaite maintenant d'avoir au moins 300 mètres de backing derrière votre soie et un frein bien réglé sur votre moulinet.

Mon premier gros tarpon en mai 1977 à Islamorada…

Chapitre 6

La fièvre du tarpon

On a dit que le tarpon ressemble à un hareng géant et c'est un peu vrai. Le corps est massif, comprimé latéralement et couvert d'une véritable armure d'énormes écailles argentées qui peuvent atteindre 10 à 12 cm de diamètre chez les très gros sujets. La mâchoire inférieure est prognathe et les opercules sont recouverts de grandes plaques osseuses. Les dents sont minuscules et fines et donnent l'impression quand on passe la main sur l'intérieur des mâchoires de béton brut de décoffrage. Les pectorales sont massives et la caudale puissante et largement échancrée indique un bon nageur. Le dos est de couleur bleu vert chez les jeunes sujets et fonce sur le brun chez les très gros individus. Les flancs sont uniformément argentés comme une gigantesque ablette et le ventre est blanc brillant. Dans l'eau transparente des flats de Floride et sur des fonds de sable blanc corallien, ces gigantesques poissons sont avant tout repérés par les ombres qu'ils déplacent, tant leur coloration générale reflète celle de leur environnement. Dans l'eau boueuse des estuaires africains ou dans les lagunes à l'eau couleur de thé des Everglades, ils apparaissent sous les rayons du soleil avec des reflets dorés.
Comme sa dénomination scientifique l'indique, le tarpon est un poisson de l'Atlantique. Dans cet océan on le trouve aussi bien sur les côtes américaines qu'africaines dans les zones tropicales et subtropicales. Il existe dans les océans Indiens et Pacifique une espèce différente de plus petite taille, le tarpon à œil-de-bœuf (ox-eye tarpon) Megalops cyprinoides qui dépasse rarement le mètre pour une dizaine de kilos. Pour revenir au vrai tarpon qui atteint couramment plus de dix fois ce poids, on le trouve sur les côtes américaines depuis la latitude du Cap Hatteras en Caroline du Nord jusqu'à Recife sur les côtes brésiliennes. Sur les côtes africaines, son aire de répartition s'étend depuis le sud du Sénégal en Casamance jusqu'au nord de l'Angola. Grand migrateur du moins pour certaines populations il n'est pas présent en permanence sur toutes les côtes qu'il fréquente. Les pays qui possèdent de nombreux estuaires semblent au contraire maintenir dans ces zones des populations plus stables. c'est le cas de la Côte d'Ivoire, de la Sierra Leone, du Gabon, du Congo et de l'Angola. Dans la mer des Caraïbes on le trouve en abondance depuis les côtes du Mexique en passant par le

Nicaragua, le Costa Rica, Panama, la Colombie et le Vénézuela. Les grandes Antilles (Cuba et Saint-Domingue) ainsi que les petites Antilles depuis la Grenade jusqu'aux Îles vierges en passant par la Guadeloupe et la Martinique sont également « visitées » en fonction des saisons.

Le tarpon est le type même du poisson euryhalin, qui supporte rapidement et durablement de grandes variations de salinité de son habitat. Le record à la ligne a d'ailleurs été capturé dans le gigantesque lac Maracaïbo au Vénézuela, qui est une véritable petite mer d'eau douce intérieure. Les biologistes ne sont pas tous d'accord pour dire si les tarpons ont besoin d'apport d'eau douce ou d'eau saumâtre pour frayer, ou si les juvéniles seuls doivent se développer dans ces milieux ou si encore les adultes recherchent les estuaires parce qu'ils savent y trouver une nourriture abondante. De l'œuf, éclôt très rapidement une larve leptocéphale, comme chez l'anguille et le bonefish, et d'après certains scientifiques, ce ne serait que dans les lagunes côtières, comme pour les leptocéphales d'anguilles qui vont devenir civelles, qu'une véritable métamorphose donnerait naissance cette fois aux alevins

> *Parmi tous les poissons, le tarpon est probablement celui qui a les plus grandes écailles par rapport à sa taille.*

de tarpons. La croissance est ensuite assez lente et la maturité sexuelle n'est atteinte qu'à l'âge de six ou sept ans pour une taille d'un mètre vingt en moyenne. Les femelles tarpons sont parmi les poissons les plus prolifiques des océans, pouvant pondre jusqu'à 15 millions d'œufs pour les gros individus. Les grands reproducteurs de plus de cent livres sont probablement âgés d'au moins 13 ou 14 ans. Une particularité physiologique des tarpons, assez unique, du moins chez les poissons marins, leur permet de respirer directement l'air atmosphérique par l'intermédiaire de la vessie natatoire qui joue ici un véritable rôle de poumon. Quand on voit les tarpons « rouler » en surface, c'est en fait pour venir y respirer. Cette particularité leur permet de survivre dans des milieux très pauvres en oxygène dissous, comme le sont souvent les eaux saumâtres des estuaires tropicaux. Les tarpons sont des prédateurs voraces qui chassent activement les bancs de sardines, de mulets et autres petits poissons pélagiques. Dans les estuaires et sur les flats ils font une énorme consommation de crevettes et de crabes.

Pour beaucoup d'experts, qui ont tâté de toutes les pêches et de tous les grands poissons, prendre un tarpon de plus de cent livres, à la mouche, dans l'eau cristalline des flats, est le suprême challenge. La défense du « silver king » est un mélange de force brutale, de sauvagerie primitive, d'explosion incontrôlée qui peut ensuite se transformer en épreuve d'endurance dont le pêcheur sort rarement vainqueur. Comparé aux formes fuselées élégantes, racées, hydro et aérodynamiques d'un marlin, le tarpon apparaît comme un poisson sans grâce, lourdaud, aux lignes épaisses : un percheron que l'on comparerait à un pur-sang anglais. Pourtant, au bout d'une ligne, les contorsions dont cette masse musculaire caparaçonnée d'écailles, est capable, n'ont pas d'équivalent dans le monde des poissons. Sans élan et dans une profondeur d'eau ou un marlin ne saurait pas nager, le tarpon est capable de se propulser dans les airs à une hauteur trois fois supérieure à la couche de liquide qu'il avait sous les nageoires. Des sauts à plus de trois mètres au-dessus de la surface et de sept ou huit mètres de longueur ont été signalés pour des poissons de plus de cent livres. Le premier tarpon que j'ai ferré sur le flat de « Black Rock » à Homossassa, s'est après un rush d'au moins soixante mètres, propulsé dans un bond formidable au-dessus du skiff de Bill Curtis dont le client bagarrait un autre poisson. J'ai vu dans un heureux réflexe, Bill se courber en deux pour laisser passer le tarpon, qui autrement l'aurait percuté en plein torse. Le soir il me montra sa chemise dont le dos était raidi par le mucus séché du tarpon. Comme ce poisson, un petit pour Homossassa, pesait tout de même autour de 120 livres, si Bill ne s'était pas baissé, certainement en aurait-il été bon pour plusieurs côtes cassées, voire pire. Assez régulièrement d'ailleurs, il arrive sur les côtes de Floride qu'un tarpon retombe dans un bateau de pêche peu de temps après avoir été ferré. Une seule chose à faire pour ses occupants : en descendre et lui laisser le champ libre. Le spectacle après coup n'est, paraît-il, pas beau à voir. C'est comme si un mini-cyclone s'était acharné sur les superstructures du bateau. Que les pêcheurs essayent de lutter contre cette masse musculaire en furie, et ils auraient les jambes broyées contre le plat-bord. La pêche sportive n'est pas toujours de tout repos. C'est d'ailleurs ce côté viril pour ne pas dire macho, qui attire beaucoup de pêcheurs américains sur les flats.

La pêche au vif ou au poisson mort posé sont des techniques plus productives et surtout moins fatigantes pour capturer un tarpon. Le guide ancre le bateau dans un profond « chanel » entre deux flats où il sait ou espère qu'à un certain moment de la marée les tarpons vont passer. Les vifs, petits sars, mulets ou autres poissons fourrages sont accrochés par les reins sur un simple 4 ou 5/0 et soutenus par un gros flotteur. Un poisson mort, un demi-mulet par exemple, est quelquefois aussi efficace simplement posé sur le fond ou laissé à la dérive à mi-eau. Quand le courant s'y prête, la technique du chumming qui s'apparente tout à fait au broumé pratiqué en Méditerranée pour le thon, décuple les chances de touches. Le guide à intervalles réguliers jette par-dessus bord, des morceaux de poissons, des crabes ou des déchets de crevettes. La pêche au lancer est plus particulièrement destinée aux petits tarpons résidents (20 à 50 livres) que l'on voit rouler dans les canaux d'irrigation du sud de la Floride ou dans les eaux sombres des Everglades. La plupart des leurres, surtout de type plugs (Rapalas, Creek-Chub, jigs) sont efficaces, beaucoup plus en tout cas que les cuillers métalliques.

Si la pêche à la mouche est de plus en plus pratiquée dans l'eau cristalline des flats, ce n'est pas par snobisme, mais bien parce que sur ces hauts fonds, c'est de loin la plus efficace et ce qui ne gâche rien, la plus amusante qui soit. Alors qu'ils sont assez efficaces en eau sombre ou même boueuse, les plugs et autres poissons nageurs laissent presque toujours les tarpons indifférents sur les flats. De ce point de vue les leurres souples et tout particulièrement les grands vers artificiels destinés aux Black-Bass, lancés sur un fil fin avec une très discrète plombée en tête, et travaillés en relâchers sont nettement

Dans un bond fantastique, alors qu'il vient d'être gaffé sous le maxillaire inférieur, ce tarpon a plié le manche de la gaffe.

supérieurs. Mais aucun leurre, dans ces endroits ne donnera autant l'impression d'une proie naturelle, qu'une mouche bien montée, qui à chaque tirée « respirera » de tous ces longs hackles. Imitent-elles une crevette, un petit crabe, ou encore un ver de corail (Palolo worm), les mouches à tarpons en tout cas palpitent de vie, même lors des relâchers qui les laissent s'enfoncer tout doucement vers le fond de sable blanc. Leur récupération/animation se fait habituellement trente centimètres par trente centimètres, mais c'est tout l'art du pêcheur de varier cette dernière pour décider à mordre, un grand poisson qui suit le nez collé contre les hackles.

Contrairement à ce que vous entendrez ici ou là, nul besoin d'être un champion de casting et de lancer régulièrement à plus de trente mètres, pour prendre un tarpon à la mouche. Si la pratique de la double traction est conseillée, c'est plus à cause de la rapidité que cette technique procure et du fait qu'il faut lancer une grosse mouche souvent contre le vent, plus que pour les distances à atteindre. Tous les grands pêcheurs de tarpons vous diront que c'est entre douze et quinze mètres, que l'on fait mordre le plus de poissons et qu'on a de plus les meilleures chances de les ferrer efficacement. En fait tout est dans la rapidité d'exécution. Dans les eaux cristallines du flat, les grands poissons ne resteront pas longtemps indifférents à la présence du bateau et vous n'aurez que quelques secondes pour leur présenter une mouche avant qu'ils ne découvrent ce qui est derrière. Le matériel utilisé est en rapport avec la force de ces brutes : canne de puissance 10 à 12 et moulinet contenant au moins 250 mètres de backing et disposant d'un frein efficace. Si le pêcheur sait profiter des premières minutes de bagarre, où le poisson va se battre autant contre lui-même que contre la ligne et va s'épuiser en sautant hors de l'eau, il lui sera possible de vaincre par K.-O. en moins de quinze ou vingt minutes, et ce même avec des poissons de plus de cent vingt livres. Le secret est de ne laisser aucun répit au tarpon et bien sûr de ne commettre aucune faute pendant le premier quart d'heure. Au-delà de ce temps, il faudra compter en moyenne deux ou trois heures de bagarre pour littéralement asphyxier son adversaire. À la mouche l'actuel record est de 205 livres, mais de très nombreux pêcheurs dignes de foi ont tenu dans les keys et surtout à Homosassa des poissons de plus de 250 livres. En Afrique, il ne fait aucun doute que des poissons de plus de 300 livres croisent dans les eaux boueuses des estuaires des grands fleuves.

*Ce tarpon de 188 livres pris par Billy Pate
en mai 1981 à Homossassa a longtemps été
le record du monde sur « tippet » de 16 livres.*

Tarpon addicts

La pêche du tarpon à la mouche est la plus belle mais aussi la plus difficile de toutes les pêches, le challenge ultime auquel tous reviennent après avoir tout essayé. La plupart des « sportsmen » qui d'avril à juillet se retrouvent tous les ans entre Miami et Key West, ont tâté de toutes les grandes pêches sportives de par le monde, des marlins noirs géants dépassant les 1 000 livres de la grande barrière australienne aux « bluefins » de Bimini en passant par les saumons de l'Alta ou de la Restigouche. Mais aucun autre poisson ni aucun autre mode de pêche ne saurait leur donner le « thrill » d'un grand tarpon qui à quelques mètres de vous tout au plus, vient de refermer ses formidables mâchoires sur une toute petite mouche. En Floride, les pêcheurs de tarpons à la mouche sont assimilés à des drogués (tarpon addicts) que seuls la capture ou plutôt le ferrage d'un nouveau tarpon pourra apaiser. Ferrez un tarpon à la mouche et c'est vous qui serez irrémédiablement « accroché » et contaminé. Le premier cas officiellement répertorié de « tarpon fever » remonte à plus d'un siècle quand M. W.H. WOOD un financier de Wall Street captura en mars 1885, à la canne et au moulinet, un tarpon de 93 livres. Tout le sud de la Floride que les États-Unis venaient de racheter à l'Espagne, n'était encore qu'un gigantesque marécage infesté de moustiques, de ratons laveurs, de serpents corail et d'alligators. Au cours du quart de siècle suivant, faute de moyens de transport, les cas de fièvre tarponique n'allaient être que sporadiques. Il faudra attendre 1912 et la construction par Henry Flagler (cofondateur avec John D. Rockefeller de la Standard Oil) de la ligne de chemin de fer qui reliait Miami à Key West pour que l'épidémie progresse vers le sud et atteigne un seuil critique de contagiosité. Néanmoins le matériel de pêche de l'époque, destiné essentiellement à la pêche du saumon ne permettait pas des prouesses en eau salée. Hemingway lors de son séjour à Key-West dans les années trente se plaignait du nombre de cannes en bambou refendu auxquelles les tarpons des « Dry Tortugas » (archipel au large de Key West) avaient fait rendre l'âme. Ce qui reste de son matériel, cannes tordues et moulinets multiplicateurs explosés est aujourd'hui bien en vue avec les photos jaunies de Papa et de ses tarpons, sur le mur du fond du plus célèbre bar de Key West : le « Sloppy Joe ». Après l'intermède de la deuxième guerre mondiale, les années cinquante avec le développement du tourisme de masse en Floride marquent un tournant important dans la pêche du tarpon. Alors que jusque-là ces poissons étaient surtout pêchés à la traîne ou au vif avec un mulet comme appât, et d'assez fortes cannes, quelques pionniers essayent et réussissent pour certains à faire mordre et à capturer des tarpons avec une canne à mouche. Ces pêcheurs-là, sont entrés dans la légende, mais il faudra attendre encore vingt ans et le milieu des années soixante-dix pour que l'épidémie dorénavant transmise par l'intermédiaire d'une mouche, gagne vraiment du terrain et s'implante durablement. L'avènement des cannes en fibres de verre, puis en fibres de carbone allait permettre et perpétuer jusqu'à nos jours l'inoculation, l'entretien et le développement de cette étrange fièvre.

Très grosse liche capturée au lancer depuis la plage du cap Blanc en Mauritanie.

Chapitre 7

Liches et grandes carangues

❦

Avant que la pêche sportive des carangues, ne devienne à la mode, ces vingt dernières années, les vétérans du Club, au premier rang desquels Pierre Clostermann, recherchaient les liches pour leur combativité, le plus souvent du bord en vrai « surf casting ». La liche amie (Lichia amia), seule très grande carangue de l'Atlantique, appartient comme les maintenant célèbres GT (giant trevally) de l'Indo-Pacifique, à la grande famille des Carangidés. Seul l'Amberjack (Le « vrai » Limon des côtes sud de la Méditerranée) et les GT, donc, de l'Océan Indien peuvent dans cette famille, prétendre à une supériorité de poids, et encore ce n'est pas sûr, certains auteurs ayant signalé des liches de 1,80 m de long et plus de 60 kg.

Si la Liche donc, appartient bien à la famille des Carangidés, elle n'est pourtant pas à proprement parler une carangue, pas plus que les sérioles, les trachinotes (permit) ou encore les petits chinchards qui appartiennent tous à cette vaste famille de poissons pélagiques côtiers qui comprend au moins une quarantaine d'espèces.

Le caractère commun de ces poissons le plus représentatif est d'avoir une peau nue ou couverte d'écailles si petites, qu'elles sont à peine visibles. Leur caudale, du chinchard à la liche en passant par les carangues, permit et autres sérioles est également toujours largement échancrée ou fourchue, ce qui indique de rapides et forts nageurs.

La grande Liche ou Liche amie, uniquement présente sur les côtes européennes et africaines de l'Atlantique (ainsi qu'en Méditerranée) ne connaît pas d'appellation vernaculaire anglo-saxonne. L'IGFA qui l'a reconnue, il y a une trentaine d'années comme poisson de sport (à la demande de Pierre Clostermann) a adopté le nom sud-africain de « garrick ». Son qualificatif « amie », doit son origine à la dénomination d'espèce, « amia » du latin *amias* qui veut dire thon (poisson avec lequel elle présente bien des analogies…) et non d'une quelconque amabilité dont ce poisson ferait preuve à l'encontre de ses congénères, surtout s'ils sont plus petits que lui.

Le corps est comprimé et élevé dorso-ventralement mais beaucoup moins en comparaison que chez les carangues. Les liches, surtout les très grosses, donnent toujours l'impression d'avoir le ventre

Belle carangue ignobilis capturée à la mouche aux Seychelles par Marcel Prot.

vide. Le museau est pointu, la bouche, garnie de petites dents râpeuses est bien fendue et relativement grande. La coloration va du bleu (gris-bleu à vert…) sur le dos en s'éclaircissant sur les flancs qui deviennent d'argent pur. Le ventre très blanc, couvert de très petites écailles, paraît lisse et nu comme le reste du corps. Un détail caractéristique et qui permet à coup sûr de reconnaître une liche amie, est la double sinuosité que dessine la ligne latérale, par ailleurs très visible comme chez tous les carangidés. De convexe au-dessus des pectorales, elle devient concave en arrière de celles-ci. Sa partie postérieure enfin est rectiligne. Le poids moyen est d'une vingtaine de livres, mais des individus du double voire du triple de ce poids ne sont pas rares. Le record sud-africain pris sportivement est de 71 livres, mais j'ai personnellement vu en compagnie d'Albert Drachkovitch, au pied de la falaise du Cap Blanc en Mauritanie des individus de plus d'un mètre cinquante, qui certainement dépassaient les cent livres. Nous en avons même sur des mulets d'un kilo, ferré deux, qui à chaque fois nous ont séché nos 225 mètres de 50/100. Du haut de la petite falaise, à une trentaine de mètres tout au plus, il nous était facile d'évaluer la taille de ces poissons, d'autant qu'ils évoluaient en surface dans une eau transparente et qu'ils « jouaient » de longues secondes avec nos mulets, la gueule hors de l'eau avant de se décider à les avaler. Ce comportement est d'ailleurs classique dans cette espèce, qui semble s'amuser avec les muges (une de leurs proies favorites), un peu comme un chat avec une souris, les promenant une fois saisi par la moitié arrière du corps, en surface pendant quelquefois plus de cinquante mètres, les jetant en l'air, pour les reprendre aussitôt.

Cette liche capturée à Nouadhibou par Albert Drachkovitch était probablement un record du monde, à l'époque, sur ligne de 20 livres.

Ce comportement est assez rare chez les poissons pour être décrit, d'autant qu'il est signalé également par le Professeur Smith, (le découvreur du Coelacanthe) dans son monumental ouvrage sur les poissons d'Afrique du Sud.

La liche amie est donc une espèce migratrice côtière commune en Méditerranée et sur une grande partie de l'Atlantique oriental depuis le golfe de Gascogne, jusqu'en Afrique du sud. En Méditerranée, elle est encore fréquemment rencontrée sur les rivages espagnols, autour des îles Baléares et sur les côtes d'Afrique du Nord. Quelques captures sont signalées tous les ans en Corse et au large de la Côte d'Azur. En Atlantique, les immenses plages de Mauritanie (Nouadhibou) semblent être un lieu de prédilection tant par les concentrations que par la taille des individus rencontrés.

C'est un magnifique spectacle sur ces immenses plages sahariennes, de voir au lever du jour, les chasses effrénées des grandes liches dans les bancs de mulets. Il arrive fréquemment que tout à leur poursuite, les prédateurs s'échouent littéralement dans dix centimètres d'eau, quand un mulet de deux ou trois kilos dans un ultime recours, a bondi sur le sable pour échapper à leur voracité. Il leur faut alors attendre la prochaine vague, pour repartir « à plat » comme une gigantesque limande, en fouettant l'eau de la caudale sur plusieurs mètres avant de pouvoir retrouver une position verticale. Maurice Caussel (notre meilleur praticien et auteur de surf casting) considérait la liche comme le plus grand poisson de sport à prendre du rivage. Et il est vrai que si le maigre peut atteindre ou même dépasser en taille et poids la liche, sa défense n'arrive pas à la hauteur des pectorales de cette dernière espèce. En vrai « surf » (surf-casting, signifiant lancer dans la vague et non pas planter une canne dans le sable en attendant qu'un poisson de passage trouve un appât reposant sur le fond…) qui consiste à lancer et relancer un gros leurre de surface (les mêmes que ceux utilisés pour les carangues africaines ou les GT), je connais peu de poissons qui offrent d'aussi fortes sensations, quand on pêche les pieds dans le sable. Il faut avoir vu une grande liche excitée par un gros popper ramené par à coups, sur la crête des vagues, se précipiter en claquant des mâchoires pour l'attaquer pour comprendre tout l'intérêt de cette pêche, sans parler ensuite du démarrage cap au large qui fait hurler le frein du moulinet.

Carangue ignobilis prise en eau profonde, au jig, au large de Madagascar.

Carangue ignobilis

Caranx ignobilis, communément appelée Carangue à grosse tête ou Ignobilis, est un poisson de grande taille pouvant atteindre 170 cm de long, pour un poids de plus de 50 ou 60 kg. Cette espèce fréquente les eaux tropicales et subtropicales de l'océan Indien jusqu'aux îles océaniques du centre de l'océan Pacifique. Elle affectionne les pentes externes des lagons, des récifs coralliens et rocheux ainsi que les hauts-fonds et les passes entre la surface et 200 m de profondeur. Son activité est aussi bien diurne que nocturne, mais comme beaucoup de gros poissons prédateurs, les carangues ignobilis chassent de préférence au lever du jour et au coucher du soleil. Les jeunes vivent fréquemment en bancs de plusieurs dizaines d'individus alors que les adultes dépassant les 80 cm sont plutôt solitaires ou se déplacent par paires. Avec l'engouement qu'a connu la pêche côtière, autour des îles ces dernières années, que ce soit aux Seychelles, aux Maldives, à la Réunion, à Tahiti ou à Madagascar, ces grandes et puissantes carangues sont devenues une des cibles préférées des lanceurs de plugs ou des moucheurs. Leur pêche peut également se pratiquer en profondeur depuis un bateau avec des jigs.

Carangues d'Afrique

Parmi les nombreuses espèces de carangues rencontrées sur les côtes africaines, la carangue crevalle (jack crevalle des pêcheurs US) est la plus recherchée. Espèce encore abondante depuis le sud du Sénégal jusqu'en Angola, c'est ce poisson, très agressif et facile à faire mordre, qui a fait le succès de bien des voyages de pêche en Afrique et notamment aux Bijagos (Guinée Bissau). Caranx hippos est facilement identifiable à sa nageoire anale jaune vif et à la tache noire bien visible au bord de l'opercule. D'un poids moyen de trois à cinq kilos, elle peut atteindre le poids d'une douzaine de kg et devient alors, depuis le bord, un vaillant combattant. Caranx hippos vit en groupe de quelques individus et se comporte en carnassier vorace, poursuivant souvent dans très peu d'eau les poissons fourrages.

*Carangues d'Afrique (Caranx hippos)
prises en surf-casting depuis l'estuaire
de la Sherbro river en Sierra Leone.*

Courbine d'une trentaine de kilos prise de nuit sur la plage du Cap Blanc.

Chapitre 8

Un quintal de maigre

❦

Pour ceux d'entre nous qui ont le mal de mer en bateau ou qui préfèrent tout simplement pêcher du bord, le maigre appelé courbine sur les côtes africaines est le plus grand et lourd poisson que l'on peut pêcher depuis terre. En fait un même pêcheur de « surf-casting » parlera pour le même poisson de Maigre sur le littoral landais ou vendéen et de Courbine sur les côtes du Maroc ou de Mauritanie.
Il appartient à la grande Famille des Sciaenidés, autrefois appelée Otolithes qui regroupe une quarantaine d'espèces de poissons côtiers, grégaires et prédateurs, affectionnant les fonds mous, de sable ou de vase, les plages et les estuaires. Une des caractéristiques, et non des moindres de ces poissons est d'émettre des grognements, ou des craquements, produits par des vibrations musculaires amplifiées par la caisse de résonance de la vessie natatoire. Pour cette raison, ces poissons sont appelés « drums » (tambours) ou « croakers » (grogneurs) en anglais, et il est un fait qu'en période de reproduction, les pêcheurs professionnels des côtes algériennes, mauritaniennes mais aussi des Charentes ou de Gironde, repèrent les bancs de ces espèces, en collant leur oreille dans le fond de la barque, cette dernière, amplifiant également les sons transmis par l'eau. Pour certains auteurs ce sont uniquement les mâles en période de reproduction, qui émettraient ces bruits, dans le but bien évident de charmer les femelles… La plupart des sciaenidés ont une chair fine et appréciée et font l'objet de par le monde d'une intense pêche commerciale, tant au chalut de fond qu'à la senne tournante. Cette famille regroupe les maigres, ombrines, corbs et autres otolithes, tous poissons d'assez grande taille, au corps assez allongé.
Le maigre est un des plus grands sciaenidés, puisqu'il peut atteindre, voire même légèrement dépasser les cent kilos. Seul le « giant sea-bass » de la mer de Cortez et des côtes Pacifiques de la Californie, espèce aujourd'hui pratiquement disparue, le dépassait en taille et poids. Le corps est fusiforme, à peine aplati sur les flancs, le profil du dos nettement convexe, alors que la ligne du ventre est presque rectiligne. La nageoire dorsale, très longue comme chez tous les sciaenidés, est largement échancrée en deux parties. Les écailles sont fortes, très rugueuses au toucher, la coloration

Albert Drachkovitch avec une belle courbine prise de nuit à Nouadhibou.

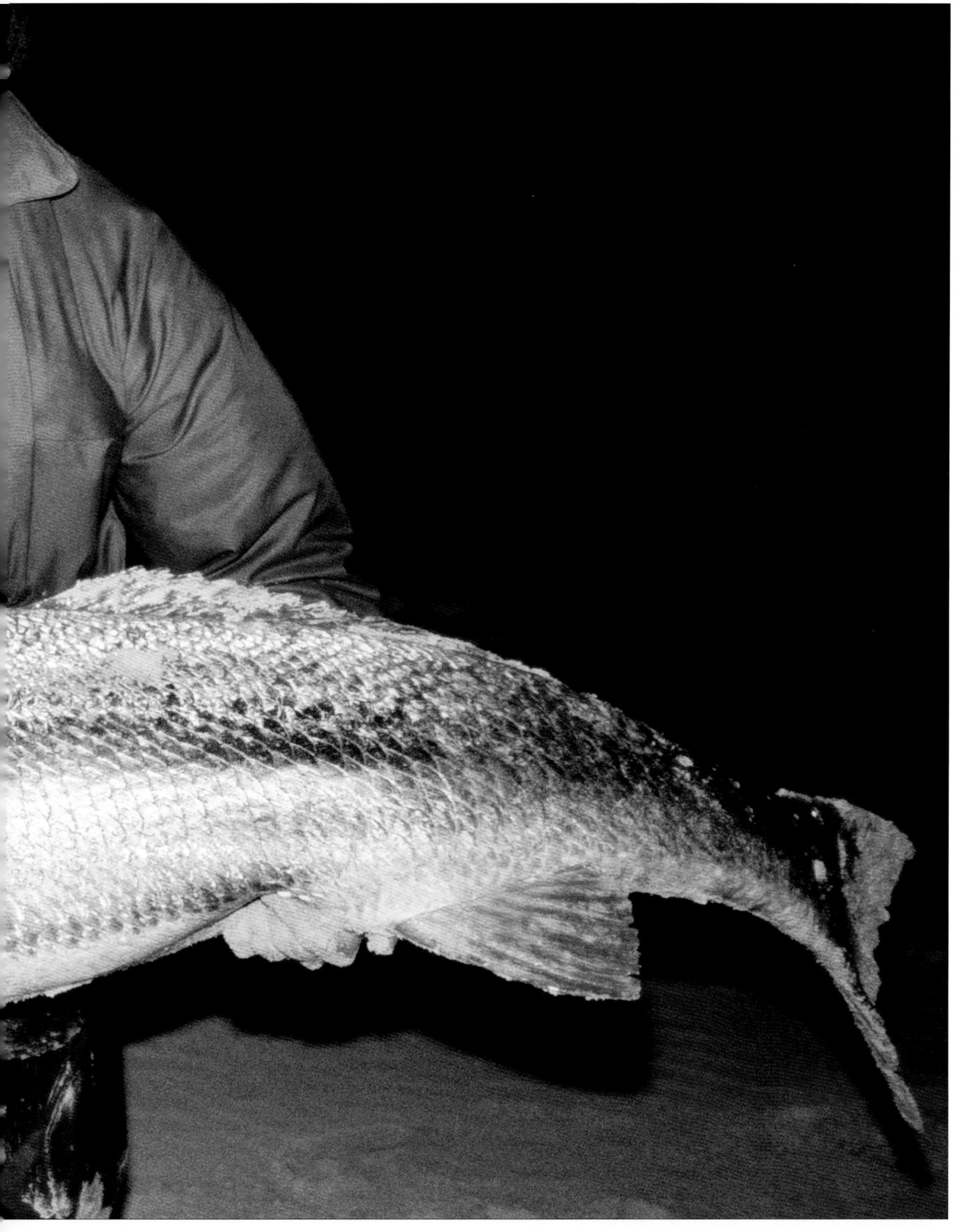

au sortir de l'eau est claire à dominante gris argenté. La ligne latérale forme une bande noire pointillée bien visible. Après la mort, la teinte générale vire au gris brun terne sur le dos alors que les flancs se parent de toutes les moirures de l'étain en fusion. Un grand maigre ou plutôt une grande courbine, qui agonise sur le sable des immenses plages de Mauritanie ou du grand sud marocain, sous un ciel étoilé, faiblement éclairé par les rayons lunaires, est un des plus beaux spectacles qu'il soit donné à un pêcheur d'assister.

Le maigre était autrefois très largement représenté sur nos côtes, depuis le golfe de Gascogne jusqu'en Bretagne, il était même assez fréquemment signalé en Manche et jusqu'en mer du Nord. Après une éclipse de pratiquement un demi-siècle, l'espèce est réapparue dans les années 1990-2000 sur notre littoral vendéen, landais et basque et semble actuellement assez bien y prospérer, même si l'on n'y rencontre toujours pas les poissons de 30 à 60 kg qui faisaient les « unes » des magazines de pêche des années trente à cinquante. Sans doute la pêche professionnelle ne leur laisse pas le temps de grandir.

Pour beaucoup d'entre nous et plus encore pour les pêcheurs de « surf casting » de la génération précédente, les Pierre Clostermann, Pierre Dupuy, Albert Drachkovitch, le maigre ou plutôt la courbine fut le poisson roi des expéditions de l'époque à Nouadhibou, au Cap Blanc et dans le grand sud marocain à Dakhla.

En France, des années trente au milieu des années cinquante, la Barre de l'Adour à Bayonne, les plages d'Hossegor, la baie d'Arcachon, Royan, furent des hauts lieux de la pêche sportive du maigre. En automne, de nuit, des captures de plusieurs poissons de plus de trente kilos par pêcheur, n'étaient pas rares et à la Barre de l'Adour des poissons de plus de 50 kg furent capturés sur des cannes en bambou blanc d'un seul jet avec comme ligne du lin tressé.

Du point de vue de sa biologie, le maigre est un poisson semi-pélagique inféodé au plateau continental. Même les très gros individus sont grégaires et chassent les poissons fourrages comme les sardines, sardinelles, mulets. Les seiches et les calmars entrent également pour une grande part dans leur régime alimentaire. Leur activité prédatrice est essentiellement nocturne. Grands migrateurs, ils effectuent pour leur reproduction mais également à la poursuite des poissons fourrages, des périples de grande amplitude, qui sur nos côtes les menaient de la fosse de Capbreton où certainement le plus gros des populations hivernait, jusqu'au sud des côtes anglaises lors des étés très chauds. Un premier passage était signalé au printemps, fin avril, début mai, sur les côtes landaises. En été les grands poissons étaient actifs sur les plages de Vendée et à l'automne ils redescendaient toujours en suivant la côte vers l'embouchure de l'Adour. La reproduction au voisinage des estuaires (Adour, Gironde) a lieu en automne et c'est à ce moment que dans ces milieux ouverts, les poissons sont le plus vulnérable à la pêche professionnelle, car rassemblés en grand nombre, sur des fonds vaso-sablonneux, faciles à chaluter ou à senner. Sur les côtes de Mauritanie et du Sénégal, c'est au contraire au printemps que s'effectuent les grands rassemblements de la fraye. Un poisson de rivage donc, qui la nuit vient à « toucher terre » pour y chasser, et qui atteint couramment le poids de 30 kg, se devait d'être dans nos eaux, comme sur les côtes africaines, le poisson roi de ce qu'il est convenu d'appeler en France le « surf-casting » : lancer derrière un plomb montre ou grappin, de 150 à 200 g, un ou plusieurs appâts frais et planter ensuite la canne dans le sable en attendant qu'un poisson s'en empare. Le ferrage se fait généralement tout seul, quand le poisson s'apercevant de sa méprise, démarre à toutes nageoires, et fait alors violemment plier

GUILLEMENOT AVEC SON MAIGRE-RECORD DE 30 KILOS PRIS AU LANCER A LA BARRE DE L'ADOUR EN MAI 1939 la grande canne. Le pêcheur, si le frein du moulinet est bien réglé, n'a plus alors qu'à ôter la canne de son support pendant que le poisson tire généralement vers le large, à resserrer le frein et à commencer le pompage non sans avoir auparavant obligé le grand poisson à obliquer ou tourner dans sa fuite. Du point de vue bagarre, le maigre est compte tenu de sa taille un poisson très décevant, qui n'a à opposer au pêcheur, que la lourdeur de sa masse. Sa seule défense consiste à démarrer assez mollement droit devant lui, à labourer le fond de sable et à opiner de temps en temps du chef. Caussel écrivait il y a cinquante ans dans *Au Bord de l'Eau* à propos de ce poisson : « on mettrait au bout du fil, une lourde serpillière entraînée par le courant que la sensation serait identique ». Avec les mauvais nylons de l'époque (le 50/100 résistait péniblement à 8 kg, et encore quand il était neuf…), Caussel reconnaissait que « le secret de la réussite, dans la pêche du maigre, réside uniquement dans la longueur de nylon 50/100 dont on dispose pour mener à bien l'action ». Et c'est exactement de cela qu'il s'agit. Pour avoir pris sur les plages de Nouadhibou, ou de Dakhla plusieurs poissons de plus de quarante kilos, sur du 40/100 avec un moulinet tournant ou un Mitchell 496, il suffit une fois que le poisson se trouve à plus de soixante mètres de vous, de jouer sur l'élasticité de la ligne, pour incliner tout d'abord sa fuite vers le rivage, l'obliger ainsi assez facilement à tourner et commencer à pomper énergiquement. La durée de la bagarre dépend uniquement de la taille de la bête, et éventuellement de la présence de courants côtiers, sur lesquels elle s'appuiera. Le maigre est un poisson lourd et peu mobile et si vous lui opposez une tactique offensive de déplacements continus sur la plage, d'inclinaison de la canne, et de pompages en souplesse, vous en viendrez rapidement à bout, ferait-il plus de 50 kg. Le principal risque de perdre le poisson, réside en fin de bagarre, non pas dans le poisson lui-même, qui arrive généralement le ventre en l'air, mais dans la vague de reflux qui si vous n'avez pas à ce moment desserré le frein, risque fort soit de déchirer la gueule du poisson, soit de casser le fil sous la pression du flot. Sachez attendre la vague porteuse, qui déposera la magnifique bête à vos pieds, et vous n'aurez plus alors avec une main sous les ouïes qu'à la traîner au sec. D'autres préfèrent la gaffe, qui de mon point de vue, dans le noir, est souvent le meilleur moyen de crocher son fil ou celui du copain.

Comme appât, une grosse lanière découpée dans le corps d'une seiche ou d'un calmar, la tête et les tentacules de ces mêmes bestioles, un bras de poulpe semblent inégalables, à condition qu'ils soient frais. Avec Albert Drachkovitch, nous avons il y a plus de trente ans, alors qu'il faisait plus de cinquante degrés en plein soleil sur la plage du Cap Blanc, conservé dans toute leur fraîcheur pendant toute une semaine, des calmars congelés que nous avions amené de Rungis, simplement en les enveloppant dans des morceaux de couverture de survie (encore appelée couverture de l'espace) et en les enterrant sous quarante cm de sable. Nous déterrions un ou deux calmars pour les besoins de la nuit, et contrairement aux copains qui passaient leurs journées à essayer de « harper » des mulets vivants pour les mettre au bout de leurs lignes, nous pouvions consacrer les nôtres à pêcher aux leurres de surface, en vrai « surf-casting » les liches qui chassaient dans la transparence des vagues. Un demi-mulet, une grosse sardine ou un chinchard, peuvent également servir d'appât, mais sont loin de valoir la seiche ou le calmar, et ceci est aussi vrai sur les plages du Maroc, de Mauritanie, qu'autrefois à la barre de l'Adour ou sur les plages landaises. L'adjonction d'un « cyalume » à un mètre de l'appât, accroché sur le plomb ou sur l'émerillon, augmente grandement les chances de capture.

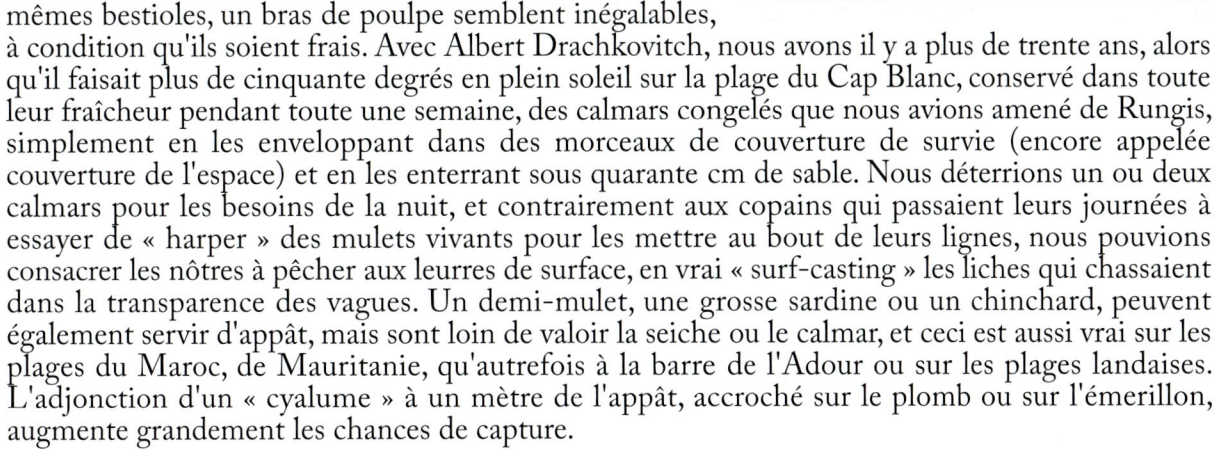

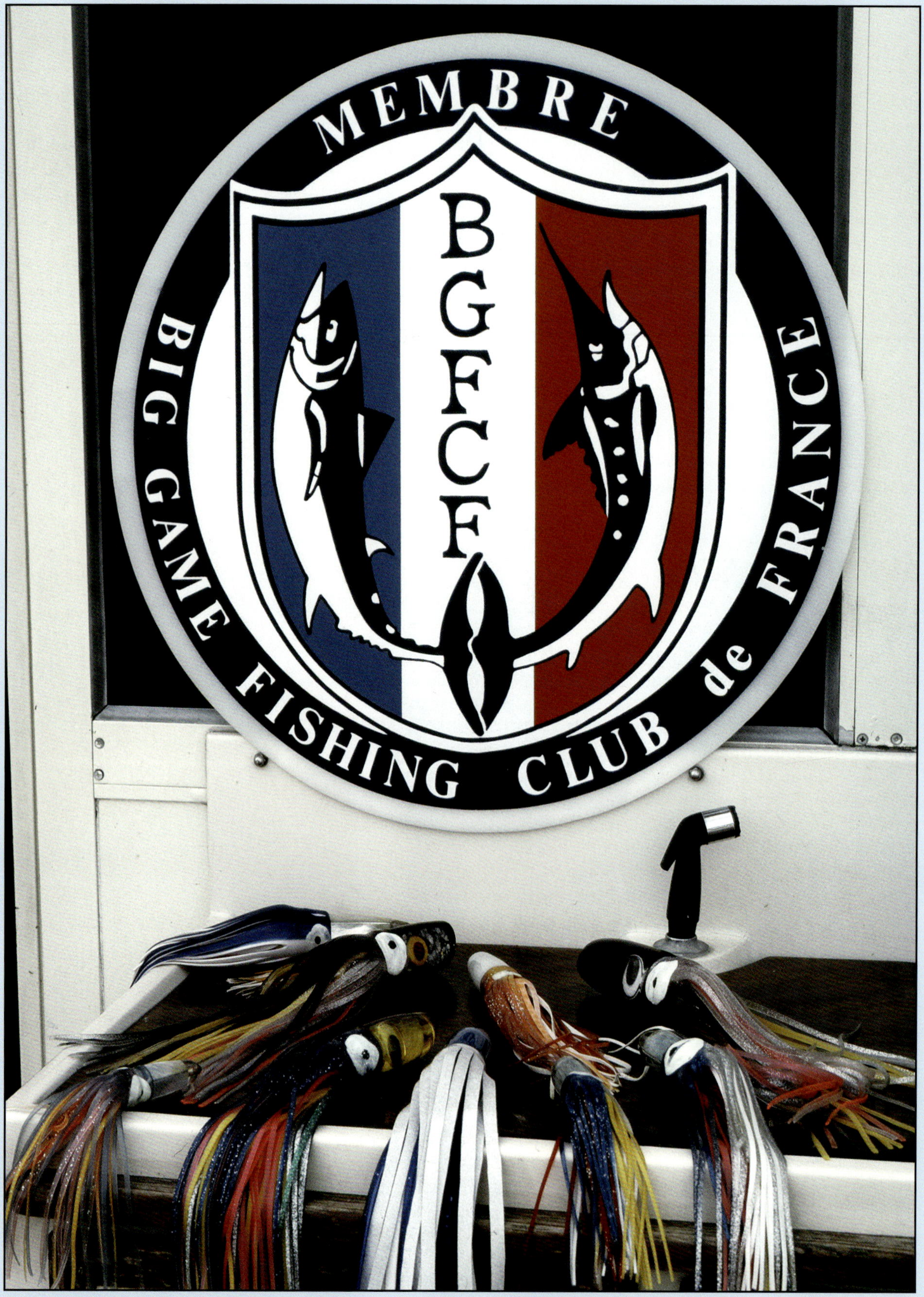
MEMBRE
BGFCF
BIG GAME FISHING CLUB de FRANCE

Figures marquantes du club

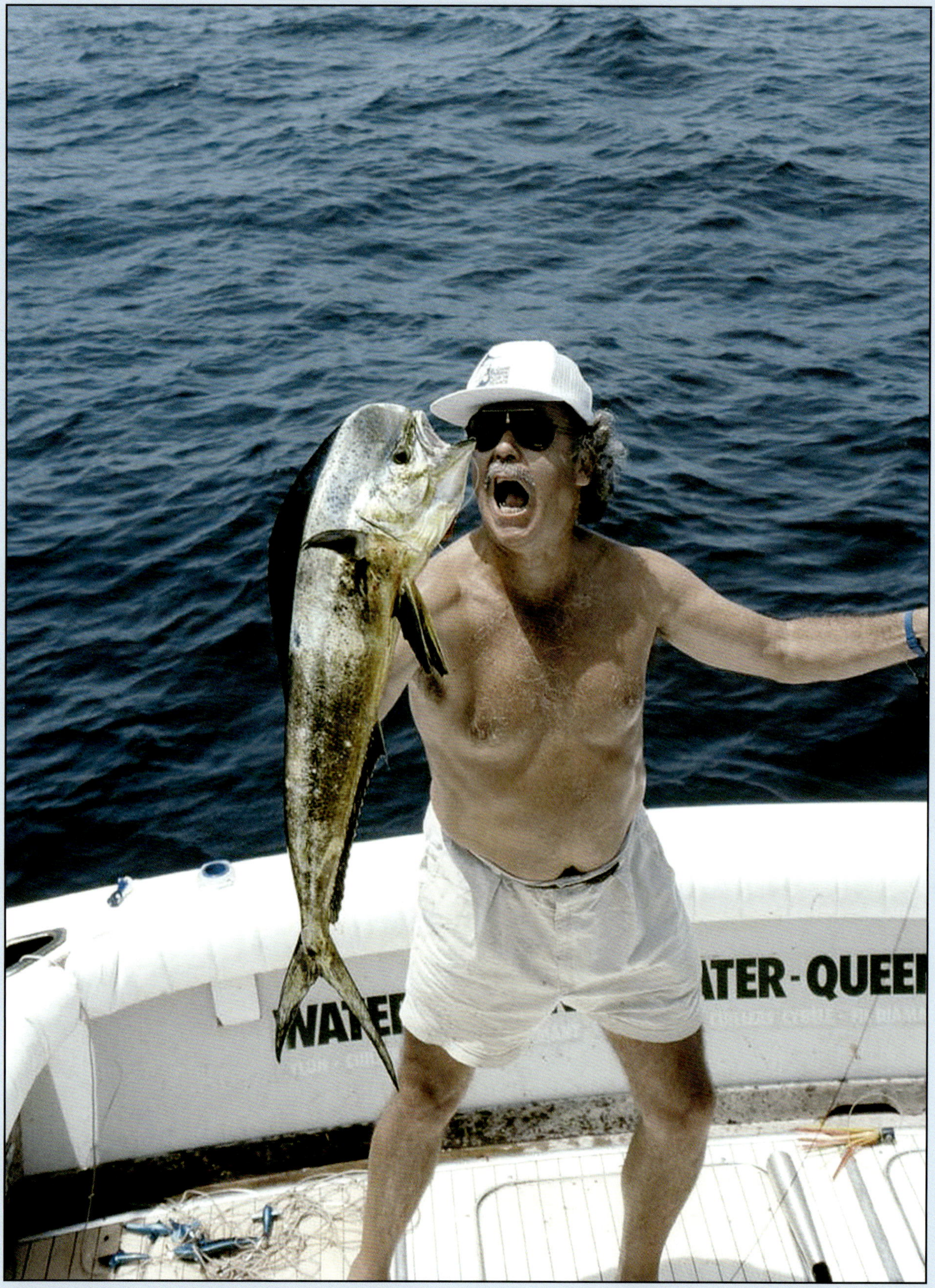

Sacha Tolstoï

J'ai rencontré Sacha, tout nouveau propriétaire du « Coin de Pêche » en 1972, mais depuis 1965, le célèbre magasin ne m'était pas inconnu. Comme je pratiquais assidûment à l'époque le sport du casting ou lancer et qu'il nous fallait fabriquer nous-mêmes nos cannes, les précédents propriétaires Emile Malbranque et Fernand Lemattre mettaient en effet à la disposition des lanceurs parisiens et à prix de gros, les « blanks » ou éléments de fibre de verre, le fameux Conolon (la fibre de carbone n'apparaîtrait qu'en 1976), qui nous permettaient avec une lame de scie à métaux, du papier de verre et de l'Araldite, un peu d'huile de coude, plus des anneaux, des lièges troués et du fil de ligature, de monter cannes à mouche ou à lancer dédiées aux différentes épreuves ICF (International Casting Federation). En fait, au moins une fois par mois, souvent deux ou trois, durant toutes ces années, je descendais du métro à la station Wagram, traversais le carrefour devant la brasserie La Lorraine et au bout de cinquante mètres, poussais la porte de verre du 50 avenue de Wagram. Là, en entrant, à gauche, derrière le comptoir « mouche » se tenait tous les après-midi, Serge Pestel, le pape de la pêche à la mouche, qui pendant un bon demi-siècle prodigua conseils et bons tuyaux, à au moins trois générations de moucheurs, clients du magasin.

C'est Serge qui me présenta à Sacha le nouveau propriétaire, qui immédiatement offrit de continuer à nous approvisionner à des tarifs préférentiels, pour tout ce dont nous avions besoin pour l'entraînement et les compétitions de lancer. Sacha à l'époque était plus chasseur que pêcheur, mais très vite il se rendit compte, qu'il lui fallait intégrer la confrérie de Saint Pierre, pour présider aux destinées de sa boutique. Comme je pêchais déjà beaucoup le saumon à l'époque et que grâce à la bienveillance de Charles Ritz, j'avais accès sur la Tweed écossaise au fameux parcours de Lower Floors, dans la fantastique propriété des ducs de Roxburgh, j'en parlai à Sacha et dès le mois de mars 1973, il se joignit à notre petit groupe de cinq cannes. C'est là, qu'il prit un joli saumon qui devait être le premier d'une longue série. Car Sacha, s'il est plus connu, surtout après qu'il devint président du BGFCF, comme pêcheur de « tout gros », thons, marlins, espadons et autres grands requins, pratique également avec expertise la pêche à la mouche de la truite et du saumon. En renvoi d'ascenseur, d'ailleurs, en juin 1980, il m'invita sur la fameuse Laerdal norvégienne dont il louait les meilleurs parcours pendant trois semaines, ainsi que sur la fabuleuse Aroy où seuls quelques rares privilégiés peuvent encore se vanter aujourd'hui, d'avoir pu lancer une mouche.

En jouant sur l'inversion des saisons entre les hémisphères et sur la connaissance des eaux tropicales de la planète en automne et en hiver, Sacha pendant les vingt années qui suivirent, bourlingua avec son tube de cannes à pêche et ses clients/amis partout où grosses truites, saumons, tarpons, marlins, thons et autres valeureux adversaires pensaient être tranquilles. Mais laissons-lui, maintenant la parole : « Les années soixante-dix marquèrent le début des voyages intercontinentaux. De nouveaux horizons de pêche s'ouvraient grâce à la baisse des tarifs aériens. Quand j'achetai le "Coin de Pêche", la clientèle était pour l'essentiel composée de pêcheurs en eau douce, et les escapades hors des frontières se résumaient à l'Irlande pour le brochet et à l'Écosse pour le saumon. La pêche en mer était pratiquée en vacances, et la traque des grands poissons marins – hormis la pêche à la traîne des thons sur la Côte d'Azur pendant la saison estivale – l'affaire de quelques rares spécialistes. En 1972, j'inaugurai mon premier voyage de pêche à l'île Maurice avec mes clients de l'époque, l'ossature des groupes dont j'allais être le guide pendant plus de vingt ans. Avec eux, puis avec beaucoup d'autres, j'allais traquer les gros poissons, saumon, thon, espadon, marlin, tarpon, dans les eaux de quarante-cinq pays, couvrant au total une distance égale à soixante-dix fois le tour de la terre. »

Dès 1976, je relatai ces aventures dans mon magazine *Big Game Fishing*, puis successivement dans huit albums « Game Fish », vendus par abonnement jusqu'en 1993, ainsi que dans un livre *Des grands poissons et des hommes* publié aux

L'éloge du « Coin de Pêche » par Pierre Clostermann

« Le Coin de Pêche à Paris est au pêcheur ce que l'estaminet était aux héros de Zola… Mises à part quelques crises cycliques d'acquisitions désordonnées, il s'y rend surtout en morte-saison halieutique pour y rencontrer des copains, y discuter le coup, élaborer des projets. Toutes les voitures que l'on voit garées en double file avenue de Wagram, devant la vitrine de l'ami Malbranque, n'appartiennent pas à des acheteurs pressés, mais à des nostalgiques. Le contractuel, indulgent soudain et désabusé, range son carnet de contraventions, et passe sans voir les infractions, envolé lui aussi, gaule à la main, vers les rives paisibles de sa retraite ! Le passant curieux qui s'arrête à la devanture voit toujours au travers de la glace, au-delà de l'étalage, nombre de messieurs très dignes, les bras écartés dans le geste descriptif traditionnel du pêcheur, engagés dans des conversations animées et pourtant le regard lointain, un peu perdus dans les profondeurs de leurs eaux favorites. Quelle absinthe de « l'Assommoir » pouvait enivrer comme la vue de ces cannes, de ces moulinets, de ces poissons naturalisés accrochés par les clients reconnaissants aux murs de la boutique comme des ex-voto ! »

Éditions Bordas, enfin dans différentes revues, dont *Connaissance de la Pêche* et *la Pêche en mer*. Vingt ans de succès et d'échecs, de plaisirs et de déboires. De colère aussi devant les ravages causés par les filets dérivants et les palangriers barbares. En découvrant ces aventures hors du commun, le lecteur pénétrait tour à tour fasciné, intrigué ou révolté dans le monde grisant de la pêche au gros. Ces écrits allaient faire de moi une personnalité « incontournable » dans le petit univers de la pêche sportive et m'amener tout naturellement à la présidence du « Big Game Fishing Club de France ».
Sacha qui venait du monde de la publicité et de la communication, avait très vite réalisé que le métier de marchand d'articles de pêche ne pouvait être une fin en soi, et que pour réussir dans cette profession, il fallait agir dans plusieurs directions : promouvoir le rêve en proposant des parties de pêche là où il y a du poisson, proposer un matériel exclusif, et fidéliser les clients en créant une revue relatant leurs exploits.

En 1983, il relançait la prestigieuse association « Big Game Fishing Club de France », fondée par Pierre Clostermann, et qui regroupa jusqu'à 1 600 pêcheurs de tous les horizons, animés par la passion pour les choses de la mer, la pratique de la pêche sportive, ainsi que tout ce qui touche à la vie des grands poissons, leur marquage, leur morphologie, leurs mœurs et les eaux qu'ils fréquentent.
Les stocks de gros poissons, notamment les scombridés (thons), se réduisaient, tandis que de multiples organisations de pêche en France et dans les territoires outre-mer avaient vu le jour et reconnaissaient la nécessité d'une coordination entre elles. Il réunit autour de lui au sein du Bureau du BGFCF, vingt-deux membres, représentant toutes les tendances de la pêche au gros, choisis parmi les meilleurs spécialistes de cette discipline. Un conseil d'administration comprenant dix membres sous la présidence d'honneur de Pierre Clostermann était assisté de douze membres consultants avec pour chacun une fonction précise.

Pierre Clostermann et Sacha Tolstoï lors d'une soirée de gala du BGFCF.

Obsédé par la « pêche propre », celle qui consiste à prendre du poisson sans le faire souffrir, afin de pouvoir le relâcher dans les meilleures conditions possibles (la pêche à la mouche est celle qui répond le mieux à ce critère), Sacha s'évertua à propager avec passion une éthique de pêche sportive, que son ami Carlos résumait d'une courte phrase : « un poisson, ça doit être dans l'assiette ou dans l'eau ! »

Les services offerts aux adhérents du BGFCF prévoyaient l'édition d'un annuaire, un classement annuel des plus grosses prises avec diplômes aux meilleurs pêcheurs, le parrainage de tournois avec attribution de plateaux d'argent frappés de l'écusson du club, l'organisation de voyages de groupe sous la responsabilité de membres confirmés, l'envoi bimestriel d'une lettre d'information relatant la vie du club, les faits marquants dans le monde de la pêche, une permanence au Secrétariat, un matériel promotionnel sous forme d'écusson, badge, casquette, tee-shirt, etc., enfin des réunions mensuelles avec dîner et projection de films vidéo.

Une fois par an se déroulait une soirée de gala qui réunissait jusqu'à huit cents personnes venues du monde entier. Sacha s'attelait à l'organisation de cette soirée, avec le concours d'Alexandre de Biolles, le secrétaire général du Club, six mois avant la date prévue. Il fallait non seulement solliciter l'appui des sponsors, mais également définir le déroulement de la soirée dans ses moindres détails : dîner, sono, vidéo grand écran, remise de récompenses, tombola avec des séjours de pêche à gagner, spectacle enfin qui clôturait le gala. Pendant plusieurs années, le gala du BGFCF eut pour cadre le Lido des Champs-Élysées, puis le Pavillon d'Armenonville, dans le bois de Boulogne. Cette prestigieuse manifestation était attendue avec impatience par tous les adhérents qui ne voulaient pas manquer une fête dont l'animation était confiée à Carlos. Aussi accouraient-ils de tous les coins de France, d'Afrique, des Antilles, de l'Océan indien, bref de tous les centres de pêche désireux de se faire connaître au sein de l'Association.

Carlos par Barbara Prot

Carlos et Barbara à l'île Maurice.

Pendant des années nous nous sommes croisés à la pêche, souvent à Dakar ou à l'île Maurice et nous avons fait plein de parties de palangrottes ensemble. Mais c'est surtout en 1994, quand je me suis installée à Paris, à 7 minutes et 30 secondes à pieds de chez lui et Mimi, ma sœur de cœur, que notre amitié a réellement commencé. J'ai essayé maintes fois de l'emmener pêcher en face de la Samaritaine, avec Pierre Affre et ses amis, mais sans succès. 5 h 30 du matin c'était beaucoup trop tôt pour lui (c'était souvent l'heure où il rentrait de chez Castel) et il a toujours été sidéré que je traverse Saint-Germain-des-Près avec mes cannes, si tôt. Il m'a longtemps présentée à ses amis comme « la folle qui pêche, à l'aube, dans la Seine, en plein Paris ».

Quelques années plus tard je repars à Dakar avec Bernard Dufour (photographe et réalisateur) pour un tournoi féminin et le tournage d'un film pour *Seasons* : « Une femme à la pêche ». Carlos trouve l'idée superbe et aimerait se joindre à nous. Chose faite et c'est ainsi que « Le gros homme et la mer » a vu le jour. Ce premier film réalisé au Sénégal enchaîne palangrottes et espadons-voiliers à la traîne, avec fous rires et rigolades garantis.

Pour notre deuxième film, Carlos a choisi l'île

Maurice qu'il connaît bien pour y avoir tourné les pubs « oasis, oasis »… Nous commençons toujours le tournage avec la pêche, car une fois les poissons « en boite », nous pouvons filmer tranquillement les paysages, les villages et tous les points d'intérêt d'un pays si loin du notre. Les seuls poissons que nous prenons sont des petits requins, des bonites, un « wahoo »… bon, pas beaucoup d'intérêt pour le film. Il nous faudrait au moins un gros poisson. Tout à coup je crie des « queues en pailles » ce qui fait hurler de rire Carlos car c'est de « pailles en queue » qu'il s'agit, mais la Suédoise n'a toujours rien compris à la langue française. Pendant des années il m'a charrié avec les « queues en paille »… Au large de Maurice, sous les « pailles en queue » donc, qui sont des frégates, ces splendides grands oiseaux noirs aux ailes effilées, se trouvent quasiment toujours un marlin qui rôde. Et cela ne manque pas, un superbe « empereur » (marlin noir) engame l'appât. C'est un très beau et qui n'a aucune envie de monter dans le bateau et mon Carlos pompe et transpire, et pompe et transpire, et là, ce n'est plus lui qui chante mais son moulinet. Une heure après, les marins ont déjà eu trois fois le bas de ligne en mains et l'ont relâché, le poisson est vraiment fatigué, plus vert du tout, mais ils ont peur de le rostrer, et comme pour le film, on veut le relâcher, il n'est pas question de le gaffer. La quatrième fois que l'émerillon touche la poulie, j'entends Carlos hurler, Baba, y en a marre, enfile leurs putains de gants, prend ce « putain » de bas de ligne et rostre moi ce marlin. Aussitôt dit, aussitôt fait… Il n'en revenait pas et pour être sincère, moi non plus ! Ce marlin devait bien faire 500 livres… !

Le dernier film de la série « Le gros homme et la mer » nous emmène à Tahiti. Contrairement à nos habitudes, nous commençons le tournage par les séquences « tourisme » et non par la pêche. Je découvre un pays magnifique, pendant trois semaines, nous visitons des îles plus sublimes les unes que les autres. Carlos plonge dans les lagons avec des raies gigantesques, des requins et des dauphins. Né sous le signe des poissons, il est vraiment comme un poisson dans l'eau et nage à merveille. Les séquences de pêche doivent se dérouler à Rangiroa où un petit Cessna nous dépose sous un soleil magnifique. Mais il ne nous reste que deux jours de tournage avant de rentrer à Paris… Six heures du matin, Carlos frappe à ma porte : Baba, Baba, tu sais ce qui se passe en France ? Non pas vraiment, depuis que je suis à Tahiti j'ai complètement « zappé » la France, normal non ? Le Pen a battu Jospin pour le premier tour des présidentielles et les Tahitiens n'ont plus besoin d'aller voter, avec le décalage d'horaire ils connaissent déjà les résultats… Le vent se lève et nos regards sont tournés vers la mer, le ciel est noir, la mer se démonte, la pluie ne va pas tarder, et il ne nous reste que deux jours de tournage dans cette île plus que magnifique et réputée pour être très poissonneuse. Finalement vers 10 heures la mer se calme et on se lance avec un petit bateau, un vieux bonitier, vers la passe pour sortir du lagon. Une chasse de thons juste à la sortie, on les suit et « bingo » le premier marlin est pour Carlos. Le bateau n'est pas vraiment équipé pour la pêche au gros, le fauteuil de combat est fixe, on ne peut pas caler ses pieds, les cannes et moulinets sont des antiquités et le fil a sûrement été enroulé sur la bobine il y a plus de dix ans. Et pourtant, il faut impérativement ramener ce marlin pour que le film puisse exister. Après plusieurs sauts splendides, le poisson sonde. Heureusement Carlos qui en a vu d'autres, pompe énergiquement et après en avoir franchement « bavé », amène le marlin au bateau. Et on finit en beauté, en le relâchant, de toute façon, il n'y avait pas de gaffe sur ce bateau.

Le deuxième marlin est pour moi, j'en bave plus que lui car je suis sur 50 lbs, la canne se vrille, les ligatures qui tiennent les anneaux tournent, les anneaux sont de travers et le fil de pêche scie carrément la canne. Je ne peux pas caler mes pieds et en plus je n'ai ni harnais ni ceinture de combat. Je pompe, je transpire, je jure gentiment en suédois, mais tout de même « everythig is under control », enfin… à peu près ! Après une demi-heure Carlos me propose de me relayer au cas où je serai trop fatiguée. ça, c'est exactement le mot qu'il ne faut pas lâcher pendant que je combats un poisson. L'adrénaline me monte à la tête en même temps que le marlin monte de la profondeur de la mer. Carlos a vu l'œil noir que je lui lançais et il m'a gentiment aspergé d'eau en chantant une des chansons favorites des Tahitiens. Je prends mon marlin, à peine plus petit que le sien, environ 250 livres, en un peu moins d'une heure, qui bien évidemment est relâché pour aller retrouver son copain. Deux marlins filmés en deux heures, nous décidons de continuer en bordure de lagon, à la palangrotte. Comme d'habitude à cette pêche, Carlos a eu la première touche, le plus grand nombre de poissons et la touche finale !

Carlos par Sacha Tolstoï

Mon amitié avec Carlos remonte aux années soixante-dix, deux ans avant la renaissance du Big Game Fishing Club de France. Nous nous sommes connus au Coin de Pêche. Je m'en souviens comme si c'était hier. Il était entré pour faire quelques achats ayant trait, non à la pêche au gros dont il ignorait tout à l'époque, mais à ce qu'on pourrait appeler la « petite pêche », qu'il pratiquait avec son père, en étangs. Bien entendu, il ne relâchait aucun poisson. Aussi ? Fut-il fort surpris, voire fâché, d'apprendre que le pêcheur sportif affilié à l'IGFA ne sacrifiait sa prise que s'il y était obligé. « Moi, monsieur, je mange toujours le poisson que je pêche ! » avait-il lancé en louchant sur le marlin géant naturalisé, accroché à la paroi centrale de mon échoppe.

Tranquillement, je lui avais alors raconté ce qu'un gros poisson représentait dans l'écosystème où il naissait, grandissait, et se reproduisait, et pourquoi il était important de le relâcher. Je lui avais parlé des différents programmes de marquage gérés par des institutions d'inspiration anglo-saxonne, et du plaisir qui consistait, pour le pêcheur sportif, à coopérer avec elles. Je lui avais montré un opuscule édité par l'une d'elle faisant état du classement des capitaines de bateau ayant relâché le plus de poissons dans l'année. Carlos avait alors adhéré à cette idée qu'il avait trouvée géniale, et était devenu au fil des ans le défenseur âpre et efficace de la pêche au gros. À la radio, à la télé, aux journalistes, il ne ratait jamais l'occasion d'en parler. Ce fut dans ce domaine un promoteur extrêmement zélé. Sa phrase préférée était : « un poisson, ça doit être dans l'assiette ou dans l'eau ! » Carlos avait une santé de fer, un bel appétit, et une incroyable capacité à ingurgiter des heures durant une quantité faramineuse d'alcool. Il n'était pas pour rien le fils d'un russe ! N'importe qui, après une nuit à boire (il dormait peu, se couchait parfois à même le sol, sans matelas ni oreiller), aurait fait faux bond à ses compagnons pour une partie de pêche prévue le lendemain. Lui, jamais ! Il était là, à l'heure dite, prêt à s'emparer de la canne si l'occasion s'en présentait. Le roulis du bateau l'incitait parfois à piquer un petit roupillon, mais sans jamais perdre de vue l'objectif de la pêche. Il avait d'ailleurs beaucoup de chance, et rares étaient les sorties où il ne prenait pas un beau poisson. Il était fier du surnom qui lui avait été donné par des latino-américains : « El gordo la suerte » (le gros chanceux) !

Se faisant l'écho de ses aventures, la presse, la télé, la radio, signalaient Carlos à Tahiti à la recherche de la coryphène sur une barque d'un pêcheur local, le lendemain au Mexique pour le « rayé »… Quand on le croyait à Panama pour le marlin noir, il était en Mauritanie en train de traquer la liche géante en surf au bord de la plage. Mais s'il y avait un événement qu'il ne voulait rater à aucun prix, c'était celui de ses noces annuelles avec l'océan indien. Ses retrouvailles avec sa belle et tendre Créole (l'île Maurice) étaient à chaque fois un explosif rendez-vous d'amour.

C'est à l'hôtel-club des frères Ravel, un jour de pluie, que Carlos me raconta le combat de son premier marlin de Maurice, deux heures trente de revers, de doutes, de renoncement, pour enfin gaffer l'animal rendu au bateau, épuisé. Il se rappelait sa joie après ce premier poisson, et aussi après son premier « rayé » à Cabo, en Basse-Californie… J'avais égaré les billets de retour sur Concorde, via Mexico, ce qui avait donné lieu à la plus mémorable course-poursuite de mon existence pour tenter de les récupérer, tandis que l'enfoiré de Carlos n'arrêtait pas de me répéter : « Pourquoi tu t'énerves, tu vas voir, tout va finir par s'arranger ! »

Marcel Prot

C'est au retour d'une sortie en mer, au bord de la piscine du Terrenga à Dakar, si je me souviens bien que j'ai entendu mentionner le nom de Marcel Prot pour la première fois. Ce devait être en juillet 1973 ou 1974. « Mon mari n'est pas là, il travaille en ce moment, mais il va venir me retrouver pour le week-end, car lui aussi adore la pêche » m'a dit une charmante blonde à l'accent scandinave assez prononcé. Vous avez deviné qu'il s'agissait de Barbara. Et effectivement dans la soirée du vendredi, Marcel est arrivé avec un petit bagage de businessman... Le malin avait fait emporter toute l'artillerie de pêche par son épouse. Et dès le lendemain, alors que nous nous entraînions depuis le début de la semaine, il prit plus d'espadons voiliers que tous les pêcheurs ce jour-là. Il récidiva le lendemain et le soir alors que nous dînions dans le merveilleux restaurant des Calendini, il m'avoua qu'il avait simplement eu plus de chance que nous et que les espadons voiliers se bousculaient dans le sillage de son bateau pour prendre ses yaboys à flapper. Et effectivement cette année-là, il y avait des espadons « en pagaille » au large de la presqu'île du Cap Vert, mais il y en avait en pagaille pour tout le monde. Nous aussi, nous en avions eu des dizaines derrière nos hélices, et les départs doubles voire triples, n'étaient pas rares... C'était le début de la pêche en 20 et 30 livres, et nous, c'est-à-dire la plupart des autres pêcheurs, nous devions au contraire jouer de malchance, car nous en décrochions, rations au ferrage ou même quelquefois cassions en cours de bagarre... Et tous les gris-gris maraboutés de nos marins n'y pouvaient mais, nous étions loin des huit poissons pris sur dix départs, moyenne que Marcel tint sur ces deux jours...

La chance à Dakar, avait choisi Marcel et si vous ne le savez pas, je vais vous confier un secret : Marcel est un homme chanceux. Il est chanceux dans la vie en général, et à la pêche et à la chasse en particulier. Vous en voulez quelques exemples : pêle-mêle, aux Îles du Cap Vert en mai 1997 en cinq jours et demi, 76 attaques de marlins bleus, 38 pris dont 16 en une seule journée. La chance ! En Islande sur la rivière Midfjardara en juillet 2002, en six jours 24 saumons pris et relâchés alors que l'eau est basse et la pêche difficile. Les neuf autres pêcheurs qui partagent le lodge, ont eu moins de chance, puisqu'à eux tous ils en ont pris à peine autant... Au Guatemala, 13 sailfish pris à la mouche dans une journée, à Alphonse (Seychelles) 69 bonefish, à Port Stephens (Australie) six marlins noirs et rayés à la mouche, la chance, toujours la chance... Il est vrai qu'à la pêche, la chance compte pour une part non négligeable dans nos résultats... c'est au poisson avant tout, de décider d'ouvrir la bouche. Mais à la chasse, je croyais qu'en dehors d'avoir la chance d'avoir de bons chiens (des setters qu'il dresse lui même), il fallait aussi et surtout mettre dedans quand ça s'envole... Comme je connais un peu la balistique, je sais qu'en arrosant au calibre douze, on peut avoir la chance qu'un plomb de périphérie de gerbe, aille se loger dans l'œil ou la petite boite crânienne du perdreau ou du faisan visé. Seulement Marcel, il chasse les oiseaux au 28, et là, la gerbe n'est pas très importante et je croyais naïvement qu'il valait mieux être bon tireur et mettre dedans avec un tel calibre... Mais là encore, quand après chaque sortie il compte ses cartouches par rapport au nombre d'oiseaux rapportés, ce qui sur le cours d'une saison doit dépasser les 90 % de réussite, il avoue qu'il faut un tout petit peu de talent, pour aussitôt corriger que la chance compte aussi beaucoup...

Comme Marcel a son brevet de guide de grande chasse en Afrique, j'imagine que ce sont cette fois les koudous, élans de Derby, cobes de Buffon, lions ou léopards qui ont croisé son chemin, qui eux n'ont pas eu de chance de le rencontrer.

Mais peut-être que la chance se mérite. Un peu de préparation et d'organisation longtemps à l'avance d'une partie de pêche à l'autre bout du monde, cela ne nuit pas. Le choix non pas d'un bon, mais si possible du meilleur des guides de l'endroit, un matériel affûté, cela aide également.

Pour avoir beaucoup pêché dans les Keys de Floride à partir de 1976, j'avais bien sûr entendu parler de Jimmy Albright le légendaire guide pour les bonefish et tarpons d'Islamorada. C'est bien des années plus tard que j'appris qu'il avait aussi été le guide attitré de Marcel… Au Cap Vert c'est sur le fameux Hooker qu'avec Annick, ils ont pris et relâchés 16 marlins bleus dans une journée. Au Guatemala Marcel pêche avec le capitaine Ron Hamelin, l'homme qui fin 2005 avait relâché son 20 000ᵉ billfish, dont plus de 2000 à la mouche, score auquel notre ancien Président a d'ailleurs un peu contribué.

Le 29 octobre 2013, Marcel fut intronisé au fameux « Fishing Hall of Fame » de l'Igfa, qui reconnaît parmi les meilleurs pêcheurs du monde, ceux qui ont en outre contribué à faire progresser l'éthique de la pêche sportive ou la protection et la conservation des poissons et des milieux aquatiques. Bien évidemment le comité de nomination de l'Igfa avait demandé à Marcel une courte biographie de sa vie de pêcheur et conservateur. Nous étions plusieurs au BGFCF à croire bien le connaître, mais il nous avait caché beaucoup de choses que nous avons apprises ce soir-là. Saviez-vous par exemple qu'il était diplômé en économie de la fameuse Université d'Harvard et qu'il jouait au polo avec le prince Charles… moi, pas !

Pour revenir à ses exploits halieutiques, Mark Sosin (célèbre écrivain et chroniqueur halieutique américain) qui a lu son panégyrique, définit Marcel comme le type même du pêcheur globe-trotter, qui au cours des six dernières décades a pêché dans plus de cinquante pays différents. De l'Islande à la Terre de Feu et de Brest à Vladivostok, sans oublier l'Australie et l'Afrique du Sénégal au Kenya. S'il a trempé du fil dans les eaux des océans et des rivières de tous les continents (excepté l'Antarctique), s'il a combattu les thons géants de Bimini et les marlins australiens, les exploits dont il est le plus fier ont été réalisés avec une canne à mouche. Notamment avoir appris à fouetter, mais sans cuir et sans bas résille, à Jane Fonda, puis à Barbarella ou plutôt Barbara, sa seconde épouse et enfin Annick la troisième élue de son cœur. Car de toutes les matières, c'est la mouche qu'il préfère, même si en mai 1997 il a pris et relâché en « conventionnel », 15 marlins bleus dans la journée, ce qui constituait un record à l'époque et peut-être encore aujourd'hui…

De la truite au marlin rayé en passant par le saumon, le tarpon et le sailfish, il ne pêche plus depuis une quinzaine d'années, qu'exclusivement avec un hameçon orné de plumes et de tinsel. Il a même je crois au Kenya, tenu un xiphias à la mouche. Sûrement plus de mille bonefish, des dizaines de gros tarpons, deux cents sailfish et quelques marlins rayés ont eu le tort de s'approcher trop près de ses trucs en plumes, sans compter en eau douce les truites mahousses de Marmousse et sûrement plus de mille saumons qu'il ne pourchasse plus qu'en « rifling Hitch ». L'été dernier, encore en Islande sur la Midfjardara il a battu son propre record en capturant 48 saumons en six jours, tous en « 00, », avec de toutes petites mouches et sur une canne à une main. À 83 ans passés, c'est pas mal… même si comme il le dit lui-même, beaucoup de chance et seulement un tout petit peu de talent sont à mettre au crédit de ses très nombreuses captures. Mais outre ces exploits halieutiques qui auraient suffi à le hisser aux côtés des plus grands pêcheurs sportifs de la planète, l'Igfa a voulu aussi récompenser son travail dans la résurrection du Big Game Fishing Club de France et dans les opérations de marquage de thons en Méditerranée, qu'en association avec Jean Marc Fromentin de l'Ifremer et Daniel Lopusanski, il initia avec le Club, il y a une douzaine d'années.

Daniel Lopuszanski

Récent record du monde du tarpon sur fil de 16 livres pris à Pointe Noire au Congo Brazza en 2012, par Daniel Lopuszanski : 105 kg 200.

Parmi les membres du Club, Daniel Lopuszanski est probablement avec Marc Giraud et Jean-Paul Richard, l'un des plus titrés, tant en France, qu'au niveau européen ou mondial. Normal, la grande pêche sportive est un peu son métier ! S'il dirige avec son frère Michel la société Normandie Appâts qui vend des millions de boîtes de vers de mer vivant, tous les ans en France et à travers toute l'Europe, Daniel ne s'est pas spécialisé pour autant dans la pêche au surf casting ou à la palangrotte, mais bel et bien dans la traque des grands poissons marins : thons, marlins, espadons et tarpons géants…

Depuis 1987, il collectionne les titres de champion de France et d'Europe de pêche au thon rouge, que ce soit sur ligne de 80 ou 130 livres. De 1987 à 2002, dernière année où il y eut des championnats et concours de pêche au thon sur le littoral méditerranéen, il fut huit fois champion de France et six fois vainqueur de la Coupe de France. En 1991, 93 et 2003 il remporte les championnats d'Europe. En 1995, 1998 et 2003 il est sacré champion du monde de pêche au gros en Italie, Espagne et au Sénégal.

En Australie, à Cairns il capture en 1987 un gigantesque marlin noir de 590 kg, soit presque 1 300 livres. En Sierra Leone, en 1992 alors que je le filme il prend sur ligne de 16 livres un fantastique tarpon de 92 kg qui restera un record mondial Igfa, jusqu'à ce qu'il le batte lui-même assez récemment, en avril 2012, à Pointe Noire au Congo « Brazza », avec un incroyable poisson de 105,2 kg…

Pour se consacrer dans les meilleures conditions à la pêche des gros thons en Méditerranée, il a racheté en 2000 le superbe bateau « French Look » de Jean-Paul Richard, quand celui-ci décida d'arrêter la grande pêche sportive. Rebaptisé Cyngali (du nom de ses deux filles Cynthia et Magali), c'est à son bord qu'il pêche désormais au large du Grand Rhône et marque avec maestria des dizaines de grands thons tous les étés. Marqueur officiel du BGFCF et de l'IFREMER, il a depuis 2008 posé 61 marques satellitaires, qui ont permis aux scientifiques de mieux connaître les migrations de Thunnus thynnus dans la grande Bleue.

Pierre Dupuy

Sur un des bateaux d'Air Afrique à Dakar, Pierre Dupuy avec un espadon voilier.

J'ai connu Pierre Dupuy en 1975 à Dakar, au cours d'un des premiers championnats de pêche à l'espadon-voilier. Je crois qu'il était déjà à l'époque « Inspecteur » des campements de chasse et de pêche de la compagnie Air Afrique, en tout cas il était venu d'Abidjan, en voisin, pour participer lui aussi au concours. Tout de suite nous avons sympathisé, et quand il a su qu'avec mon frère avec qui je faisais équipe, nous étions vétérinaires, et que Gérard venait d'être nommé enseignant coopérant à l'École vétérinaire de Dakar, il nous a raconté comment bien des années auparavant, un vétérinaire lui avait sauvé la vie, en diagnostiquant un cas de rage sur un chien qui venait de le mordre, alors qu'il embarquait pour plusieurs semaines de mer sur un cargo en route pour Sainte Hélène, en plein milieu de l'océan atlantique.

À l'époque, comme du temps de Pasteur, le seul « traitement » de cette toujours fatale contamination, était une séro-vaccination qui consistait en quatorze injections intra-péritonéales très douloureuses et pouvant elles-mêmes entraîner des paralysies… En l'absence de médecin ou d'infirmier à bord, Pierre Dupuy s'était auto-administré le long traitement, pendant la traversée.

Pierre Dupuy n'avait peur de rien. Il avait connu l'Afrique noire, comme on disait à l'époque, en 1945 et avait commencé par ravitailler en viande de brousse, les équipes de la pose de je ne sais plus quelle voie ferrée de l'A.O.F à moins que ce ne soit l'A.E.F., en chassant les buffles à la Breneke, mais surtout avec un fusil Simplex de Manufrance, à un coup. Hemingway aurait apprécié et aurait pu en faire le héros de sa nouvelle « En avoir ou pas ».

Ensuite, il avait pendant quelques années, fait comme il le disait, la « pêche » des crocodiles, un peu partout, mais surtout en côte d'Ivoire. Cette pêche était très particulière puisqu'elle se pratiquait de nuit à la « 22 long rifle ». Un boy promenait sans bruit, à la pagaille, la pirogue sur la lagune et quand dans la lueur de la petite lampe frontale, les yeux rouges des sauriens apparaissaient, pratiquement à bout portant, Pierre leur tirait une petite balle dans le cerveau pour ne pas abîmer la peau. Et comme mort ou encore vif, le crocodile ne flotte pas, mais coule vers le fond ou plonge, s'il n'est que blessé, le « pêcheur-chasseur » devait aussitôt tiré son coup de feu, sauter à l'eau avec une corde et un crochet, pour sécuriser sa prise avant de la monter dans la grande pirogue. Le problème, c'est que plus d'une fois, la petite balle, si elle avait ricoché sur le crâne, étourdissait seulement le saurien qui se réveillait quand on lui plantait le crochet sous une patte… et alors, adorait raconter Pierre Dupuy, s'ensuivait un sacré rodéo aquatique au milieu des nénuphars et jacinthes d'eau… Alors quatorze injections de 50 millilitres de sérum antirabique, dans le bas-ventre, c'était pour lui, de la rigolade…

Aussitôt après l'indépendance de nos anciennes colonies africaines, Pierre Dupuy qui s'est installé à Abidjan, entrevoit le potentiel touristique en matière de chasse et de pêche sportive, qu'il y aurait à développer, de la Mauritanie, en passant par le Sénégal, la Guinée, le Gabon, le Congo Brazza et bien sûr la Côte d'Ivoire. Il parle de ses projets de campements à la compagnie Air Afrique, qui accepte et le voilà devenu « inventeur » et Inspecteur pour la Pêche et la Chasse de la compagnie. Pour la pêche qui nous intéresse plus particulièrement ici, ce seront la création en plein désert mauritanien, du campement de Nouadhibou, puis la reprise du Centre de pêche de Dakar. En 1979, alors qu'il teste en République centrafricaine les possibilités d'ouverture de camps de petite chasse, il fait une escapade « pêche » et capture sur le fleuve Oubanguichari, à 5 km de Bangui, un poisson tigre Goliath de 35 kg. Seuls auparavant quelques rares pêcheurs coloniaux belges avaient réussi à capturer quelques-uns de ces poissons mythiques dans le fleuve Congo. Les anciens membres du Club, se souviendront peut-être de l'article et des incroyables photos que Sacha Tolstoï publie aussitôt dans le N° 8 (automne 79) de la revue *Big Game Fishing*.

À partir de la fin des années soixante, ayant alors « pignon sur rue » à Abidjan, il se lança dans la plantation de cocotiers et puis, quand le Club Med ouvrit son village sur la lagune d'Assinie, là où des années auparavant il avait fourni Hermès et Cartier en peaux de sauriens, il eut l'idée de sauvegarder les derniers crocodiles de la Lagune en les élevant dans une station qu'il appela « Ferme crocodile Dipi », du surnom que les Ivoiriens lui avaient donné à l'époque de leur « pêche », bien avant que « Crocodile Dundee » se fasse connaître en Australie… Chaque semaine des centaines de touristes, venaient voir ses crocodiles, ce qui permettait de payer le personnel pour élever de nombreux petits sauriens destinés à repeupler les lagunes de Côte d'Ivoire et des pays voisins. Après en avoir « pêché » des centaines et des centaines, « Crocodile Dipi » leur devait bien ça.

Georges Pouquet[1]

Lorsque Pierre Closterman créa le club, en 1965, il fit appel à des personnalités de la grande pêche sportive : Réal del Sarte, Estier de Boislambert, de Genevray, et son ami Georges Pouquet. Président du club de 1983 à 1992,

Georges a toujours été d'une remarquable fidélité. Jusqu'aux derniers moments, tant qu'il était capable de se déplacer, il n'a pas manqué une réunion ou un repas du club. Ce fut un grand pêcheur sportif, sur toutes les mers où la grande pêche sportive se pratiquait, toujours soucieux d'une irréprochable éthique, du respect des règles et de l'environnement.

Il fut aussi un grand sportif, membre perpétuel du Racing Club de France depuis 1933, membre du Comité Directeur pendant 42 ans, Président de la section Hockey sur gazon, Vice-président de la section Golf de la Boulie, Capitaine de l'Équipe première et Capitaine des Jeux, membre des Commissions d'admission et de discipline. Le Racing lui avait décerné une médaille d'or, fait très rare.

Georges fut avec Pierre Clostermann et Guy Réal del Sarte un des valeureux pêcheurs de la première heure, ceux dont l'éthique sportive était irréprochable. Quand Sacha Tolstoï, au début des années quatre-vingt, relance en l'élargissant le Big Game Fishing Club France, il n'hésite pas un instant à demander à Georges d'en être le Président. Calme, réfléchi, solide, fidèle, il est resté à ce poste une dizaine d'années avant de solliciter son remplacement pour cause de maladie.

Avec Pierre Clostermann, Guy Real del Sarte et Alain de Genevray, Georges Pouquet participa aux grands tournois de pêche au thon géant à Bimini, en Nouvelle Écosse, à la pêche du xiphias à Sesimbra et à d'autres compétitions de prestige.

Pour témoigner de la forme athlétique de Georges, je voudrais ici citer un paragraphe de Pierre Clostermann dans « des poissons si grands », alors que lors du tournoi de Bimini en 1965, Georges vient de ferrer un énorme thon pour l'équipe de France : « le thon plonge aussitôt comme un fou, à la verticale de toute sa puissance et son poids. Le fil est bientôt presque au ras du tableau arrière du bateau. Mais que fabrique le capitaine ? Normalement, dans cette situation, il devrait éloigner le bateau du fil d'un petit coup de moteur. Je me retourne pour l'interpeller. Il est négligemment appuyé à la rambarde, tournant le dos aux commandes, et ricane. Je n'en crois pas mes yeux. Je lui crie d'avancer. Il ne m'entend même pas. Ma parole, il est ivre ! il faut changer l'angle du fil car Georges est dans une position impossible, la pire même. C'est exactement comme s'il se trouvait au troisième étage de la Tour Eiffel, et qu'il cherche à remonter jusqu'à lui un poids de trois cents kilos pendu à un mètre du sol au bout d'une ficelle. Il est humainement irréalisable de soutenir, même quelques minutes, un tel effort. Pourtant Georges résiste, ses yeux jaillissent des orbites et sur ses mollets musclés de grosses veines pourpres apparaissent. Son visage est cramoisi. C'est une incroyable performance de résistance physique. Le second qui oriente le siège hoche la tête, jette un coup d'œil en coin vers le capitaine et hausse les épaules. Il est fou ! Je bondis sur l'échelle, décidé à tout, mais Applegate est deux fois grand comme moi et pue l'alcool à plein nez. Je le secoue par l'épaule et lui demande de faire quelque chose, il m'écarte du coude et ricane que c'est trop tard maintenant. J'écume, nous sommes impuissants à cause des règlements à aider Georges. Il tient toujours, et les marins américains en ont le souffle coupé ! Le poisson au bout du fil est déchaîné, donne des coups de tête, fouette de la queue à assommer un bœuf. À chaque fois, Georges est soulevé du fauteuil, retombe avec un bruit sourd qui nous fait mal et ses dents claquent.

- Il vient la vache !

En effet, Georges dans un effort surhumain, les deux mains sur la manivelle, réussit à reprendre du fil, centimètre par centimètre, quand soudain, il y a une secousse brutale. La canne plie, elle va se rompre, touche le plat-bord, puis se redresse ! Aïe, les requins sont après notre pauvre thon. Georges mouline furieusement et au bout de trois minutes apparaît une énorme tête de thon, toute noire, une traînée de sang, et derrière, ondulant lentement, une gigantesque forme grise de cinq ou six mètres de long, un requin-tigre d'une tonne peut-être, humant le sang et qui repart d'un coup de reins vers les profondeurs.

Au retour je m'explique avec le comité de la conduite du capitaine. En tout état de cause, ça ne change rien ! Georges a quand même la triste satisfaction d'apprendre que non seulement il a tenu le coup physiquement dans ces circonstances, mais qu'encore il a démoli son moulinet : un Fin-Nor tout neuf, de mille dollars. De mémoire de pêcheur de gros, cela ne s'est jamais vu ! À l'apéritif, le fabricant qui participe au tournoi de Bimini, constatant que son moulinet est mort, offre un verre à Georges et tâte avec admiration les biceps endoloris de notre ami. »

1) Président BGFCF de 1983 à 1992.

Michel Marchandise

Avec un splendide xiphias sur le dock de Kiri kiri au retour d'une pêche de nuit à bord du Prime Time du capitaine John Gregory.

Président du Club de 2007 à 2013, Michel Marchandise eut la lourde responsabilité de succéder à Marcel Prot, qui en 2003 avait repris un Club en piteux état et avait su le remettre sur les rails. Sous la présidence de Marcel, les lettres trimestrielles d'informations du BGFCF étaient devenues de véritables petites revues de 32 pages, magnifiquement illustrées et mises en page par Bernard Dufour. Pour ne pas en rester à Gutemberg, Michel Marchandise dès le début de son mandat, prit à bras-le-corps notre grand serpent de mer qui depuis une quinzaine d'années faisait régulièrement surface, pour re disparaître dans les profondeurs de quelques courants marins, et avec l'aide de quelques « geeks » (champions de l'informatique) bruxellois, lui fit rendre gorge pour l'exposer définitivement, non pas dans une vitrine du muséum d'Histoire naturelle, mais bel et bien sur l'internet. Le site du BGFCF est ainsi depuis maintenant huit ans, consultable sur la toile, où il continue de s'enrichir d'infos, de textes, de photos et même de petits films.

Marcel nous avait rapprochés de Rob Kramer et de l'Igfa, Michel a continué sur sa voie et a encore renforcé notre coopération avec cette organisation, comme il n'en existe nulle part ailleurs dans le monde. Depuis 2012, il en est même devenu un des trois administrateurs européens. Sous sa présidence, nous avons continué nos actions en faveur de la sauvegarde et de la protection des thons méditerranéens et notamment le marquage de plus de quarante thons (merci Daniel!), avec des balises satellitaires, opération qui avait été initiée par Marcel avec l'Ifremer.

Présent depuis 2009 à toutes les réunions annuelles des représentants Igfa européens, Michel a fait connaître notre club et nos actions, aux pays voisins. Paradoxalement, si le BGFCF était bien connu depuis la présidence de Pierre Clostermann aux USA, notre Club manquait de relais en Espagne, en Italie, au Portugal pour citer nos voisins méditerranéens également préoccupés par la raréfaction des grands thons, et encore plus des pays « pêcheurs sportifs » de l'Europe du Nord (Royaume Uni, Allemagne, Scandinavie, Hollande…). C'est chose faite et les contacts que nous entretenons tous les ans avec les autres représentants européens sous la houlette de Rob Kramer, ne peuvent que faire progresser la cause de la pêche sportive et la protection des espèces marines…

Comme Barbara le faisait remarquer dans sa présentation de Michel comme tout nouveau président : « Michel est le mec le plus discret que je connaisse et avoir des informations sur son parcours de pêcheur n'a vraiment pas été facile… disons qu'il est tout sauf un m'as-tu-vu. »…. Et effectivement pour ceux d'entre nous qui le croisions dans nos dîners mensuels, avec son air modeste de ne pas y toucher, on l'aurait plutôt vu en spécialiste d'outre-Quiévrain du gardon à la plume qu'en estourbisseur de Xiphias géants dans les Mers du Sud, qu'en pourfendeur de marlins noirs de plus de mille livres sur la grande barrière de Corail ou combattant « stand up » des thons jaunes de plus de 80 kg à bord d'un tout petit Zodiac devant l'île de Clipperton (confetti de l'Empire au large de la côte pacifique du Mexique).)…

Pour l'avoir sollicité pour le tournage de trois films pour la chaîne *Seasons* et avoir profité d'invitations à bord de quelques-uns de ses « charters » lointains, je peux confirmer comme le disait Barbara que c'est un gentleman, mais que c'est aussi un sacré pêcheur… Je me souviens tout particulièrement du tournage du film « Espadons géants des Mers du Sud » ou dans une mer vraiment démontée (malade comme un chien, j'aurais préféré être sur les bords du Quiévrain à filmer la pêche du gardon au chènevis) il a combattu plus de 3 heures sur ligne de 30 livres un xiphias vu par le capitaine et estimé à plus de 600 livres… Au large de Miami Beach je l'ai filmé 2 h 30 durant, en stand-up sur 50 livres, pendant qu'il combattait un autre xiphias, qu'il a remonté trois fois du fond du Gulf Stream (800 pieds d'eau, soit environ 250 m de fond à cet endroit) et qui replongeait chaque fois qu'à vingt ou trente mètres de la surface, il apercevait le bateau… À la quatrième fois qui aurait pu être la bonne, l'espadon s'est décroché. D'après le capitaine Bouncer, ce poisson estimé à 500/600 livres était sûrement record de Floride. Depuis maintenant quatre ans, il se rend tous les automnes en Nouvelle Écosse, pour voir si ses ménisques tiennent toujours le coup en combattant des thons pesant entre 800 et 1 200 livres. Car après les grands espadons, les gros thons rouges sont sa deuxième passion. Il y a plus de trente ans, tout jeune membre du Club, il avait découvert avec succès la pêche au broumé de ces grands poissons sur notre littoral du Languedoc-Roussillon, bien loin de ses Ardennes belges.

Guy Real del Sarte (1920- 2005)

Ami de Pierre Clostermann, Georges Pouquet et Sacha Tolstoï, Guy Real del Sarte fut notre chairman pendant une vingtaine d'années. Né en 1920, sa vie a été largement consacrée à la mer, à la pêche et aux poissons, passion qui naquit lorsque, enfant, il accompagnait son père Maxime, sculpteur célèbre, à la pêche, à Saint Jean de Luz. Professeur d'histoire à Bayonne pendant 2 ans, il entre en 1941 à la BNCI. Il est réquisitionné pour l'Allemagne en 1943, et s'évade pour rejoindre la résistance. Après 1945, il occupe différents postes à la BNCI. En 1960 il est nommé directeur des sièges Paris/Province, et est l'artisan de la fusion BNCI-CNEP, naissance du groupe BNP. Sa fonction le fait voyager dans le monde entier, et il profite alors des week-ends pour pêcher.

Il acquiert son premier bateau en 1950 : l'« Ourson », avec lequel il gagne de nombreux concours. En 1960 est publié *Techniques et grands poissons*, son livre culte qui suscitera bien des vocations de futurs pêcheurs de gros. Et, ce qui est rare chez les auteurs halieutiques français, ce livre comme son titre l'indique est à la fois très technique mais aussi très bien écrit, voire poétique pour certains chapitres. Avant que ne démarre réellement vers le milieu des années soixante-dix, la pêche sportive au broumé des grands thons méditerranéens, Guy Real del Sarte, écume dès qu'il en a le loisir, c'est-à-dire essentiellement pendant les vacances d'été, les eaux du golfe de Gascogne et la côte cantabrique au départ de Saint Jean de Luz. Et avec quels résultats ! Dix neufs thons de plus de 50 kg en une vingtaine de sorties, dont deux de plus de 100 kg et tous ces poissons pris en traîne rapide, selon les techniques inspirées des professionnels basques… Peu de pêcheurs sportifs à l'époque ont réalisé de tels tableaux… et sur les côtes françaises de surcroît.

Puis à partir de la fin des années soixante, la surpêche des professionnels espagnols entraîne une nette raréfaction des thons et surtout des gros sujets que Réal del Sarte recherchait passionnément. En 1970, il passe l'Ourson II de l'Atlantique à la Méditerranée et prend à la traîne, à Port de Bouc, devant la sortie du grand Rhône, un énorme thon de 243 kg, premier grand thon pris sportivement sur cette côte. Il prendra de nombreux autres grands poissons méditerranéens à la traîne avec sa technique très au point, de traîne au maquereau « désarticulé », inspirée des skippers de Bimini.

Bien sûr, dans les années qui vont suivre de plus gros thons seront capturés dans le Golfe du Lion, mais toujours au broumé, en pêche statique à la sardine. Le premier, Guy Real del Sarte, nous a ouvert les yeux sur les possibilités de grande pêche sportive au thon, dans nos eaux, qui à l'époque n'avaient rien à envier à Bimini ou à la Nouvelle Écosse.

Précis, méticuleux, organisé, parfois autoritaire, il savait communiquer sa formidable capacité de s'enthousiasmer, de s'émouvoir et de se dépasser. Amoureux de ses bateaux (il eut trois Oursons), la pêche sportive était pour lui l'occasion de se prouver, qu'il pouvait réussir, sans guide, à prendre d'aussi grands poissons que les pêcheurs américains. À la fin de sa vie, il publie plusieurs romans et poèmes.

Le monde de la pêche sportive et le Big Game Fishing Club France lui doivent beaucoup.

Extraits de son carnet de prises, en juillet 1959 :
nombre de sorties 22, bredouille 1,
Thons rouges inférieurs à 30 livres : 31
de 30 à 60 livres : 8

de 60 à 100 livres : 10
de 100 à 150 livres : 12
de 150 à 200 livres : 5
> à 200 livres : Thons blancs ou germons : 56

Gérard Aulong

Depuis trente ans, Gérard nous régale de films de pêche qu'il réalise et tourne aux quatre coins du monde. Il est peu d'endroits de la planète où il n'ait pas emmené sa canne à mouche et sa caméra. Cadreur et monteur à l'ORTF pendant 22 ans, il est passé producteur-réalisateur indépendant en 1988, par passion pour la pêche. Comme beaucoup d'entre nous, c'est un Xiphias (de 80 kg) qui lui a inoculé le virus en 1970 à Sesimbra. Comme souvent les débutants, il a pris ce poisson lors de sa deuxième sortie en mer. À partir de là, il a enchaîné les prises de poissons à rostres, espadons voiliers surtout, dont il a pris (et relâché) sûrement plus de 1 800 poissons en vingt-cinq ans passés en Colombie, sur la côte Pacifique. Mais également à Dakar, au Costa Rica, au Cameroun où il filme et pêche marlins et sailfish.

De Cairns et surtout du Ghana, il nous rapporte des images fantastiques de marlins noirs et bleus géants, capturés sur la pellicule lors de sauts à couper le souffle, mais également sous l'eau au moment où ces grands poissons attaquent les leurres. Gérard est à ma connaissance le premier caméraman à avoir bricolé une « paluche » (caméra sous marine) qu'il avait lestée et équilibrée pour être traînée avec les appâts ou les leurres à Marlin… Et cela vingt-cinq ans avant l'apparition des premières GoPro !

Dans ses films sur les grands marlins qui datent d'une bonne vingtaine d'années, voir « en direct » et dans leur élément, ces immenses poissons qui suivent les leurres quelquefois pendant de longues minutes avant de se décider à les attaquer d'un grand coup de rostre est un régal pour les yeux en même temps qu'une aide à la compréhension du comportement de ces grands prédateurs. J'ai eu la chance de me retrouver trois ou quatre fois avec lui à Sherbro en Sierra Leone, et là encore il a ramené des images extraordinaires de sauts de tarpons géants. Son plus gros marlin, au Ghana, un bleu estimé à 1 300 ou 1 400 livres par son capitaine, et qui était probablement un record du monde, il n'a pas voulu le tuer et l'a relâché.

Depuis qu'il s'est mis à la mouche, que ce soit à la truite ou au saumon, en Écosse, Alaska ou en Colombie britannique, au bonefish, tarpon et permit dans les Keys de Floride ou aux Bahamas, il pense avoir enfin trouvé sa voie et aujourd'hui ne pêche plus qu'avec des trucs en plume.

Barbara et Yan Colas avec un gros thon à dents de chien (dogtooth tuna) pris au jig dans l'océan Indien (îles Rodrigues).

Barbara Prot

J'ai rencontré Barbara à Dakar à l'occasion d'un des nombreux tournois de pêche à l'espadon-voilier, qui se succédaient tous les étés dans la capitale du Sénégal. Si j'ai bonne mémoire, ce devait être en juillet 1973 ou 1974…
Nous étions une bonne quinzaine d'équipes masculines inscrites, les espadons étaient partout autour de l'île de Gorée, et à la fin de la première journée, alors qu'avec mon frère, nous pensions être largement en tête, avec huit voiliers embarqués, quelle ne fut pas notre surprise, vers 17 heures à la pesée, de découvrir que l'équipe Barbara Prot et Odile Robelin avait pris deux poissons de plus que nous… Quelles étaient donc ces charmantes jeunes femmes, qui pêchaient mieux que nous et tous les hommes réunis ? Barbara était l'épouse de Marcel Prot et pêchait le voilier depuis plusieurs années déjà au Kenya à la marina Hemingway, mais également à Dakar, hauts lieux de la grande pêche sportive, où son mari avait ses habitudes. Quant à sa copine Odile, née au Maroc elle pêchait depuis toute petite les marlins blancs devant Mohamedia, sur le bateau de son beau-père. Je dois reconnaître

que sur des lignes de 8 à 30 livres, bien peu de machos, et il y en avait à Dakar, leur arrivaient à la manivelle du moulinet, question technique de pêche, pompage compris, si je peux m'exprimer ainsi… Lors de ce concours, elles terminèrent deuxième, derrière le père et le fils Calendini, dont le Bertram, il faut le reconnaître, était supérieur à bien des points de vue, aux bateaux en contreplaqué marine d'Air Afrique, et nous à la troisième place.

Par la suite, tous les étés, souvent une fois en juillet et une deuxième en août, nous nous retrouvions à Dakar, où Barbara, même après avoir fait la fête, souvent avec Carlos, une très grande partie de la nuit et du matin, était fraîche comme un gardon, pour embarquer à 8 h 30 que ce soit pour pêcher les espadons à flapper ou pour une partie de palangrotte. Toujours de bonne humeur, même quand les voiliers n'étaient pas « en pagaille », elle faisait rire tous les grands marins Sénégalais avec ses gris-gris et sa bouteille de sancerre ou de chablis, qu'elle n'oubliait jamais d'embarquer avec deux verres et un tire-bouchon. Entre Dakar, Saint Martin et Saint Thomas dans les Caraïbes, la Guadeloupe et Malindi au Kenya, en une vingtaine d'années, avec ou sans Odile, Barbara a remporté onze premières places dans des concours internationaux sans compter une dizaine de places d'honneur…

Contrairement à Odile, qui a beaucoup pêché sur lignes fines et très fines, et qui a détenu et détient encore plusieurs records du monde Igfa, Barbara préférait tirer sur les poissons, plutôt que laisser les bateaux reculer jusqu'à eux… Et comme avec Marcel, elle pêchait beaucoup à la mouche les truites à Marmousse et les saumons en Islande, c'est tout naturellement qu'avec Billy Pate comme professeur, elle s'est mise au tarpon, au bonefish et même l'année dernière au permit. Pour avoir partagé des bateaux avec elle à Sherbro, à Islamorada et à l'Ocean Reef Club de Key Largo, je peux témoigner que là encore, beaucoup de jeunes et moins jeunes lanceurs de salon, feraient bien d'aller réviser leur double traction sur les pelouses du Bois de Boulogne, pour pouvoir rivaliser avec elle sur un flat ou au bord d'une rivière… Et ce n'est pas notre ami commun Patrick Richer Delavau, lui-même expert es Fly Fishing, qui me démentira…

Marc Giraud

Comme beaucoup d'entre nous Marc a commencé la grande pêche sportive à Dakar, au milieu des années soixante-dix, quand les espadons voiliers « en pagaille » permettaient à tous les débutants de faire leurs classes avec succès. Il y passe brillamment son examen de passage et dès la troisième saison en 1979, il se spécialise dans la pêche sur ligne fine, commence en 6 livres avec un record du Sénégal de 62 livres (soit déjà un rapport : résistance de la ligne/ poids du poisson de 1 à 10). En compétition permanente avec Jean Paul Richard qui lui aussi enchaîne les records de poissons à rostre sur fils fins, il descend en 4 livres et prend en novembre 1986 à La Guaira au Vénézuela un marlin blanc estimé à 80 livres (rapport cette fois de 1 à 20).
Trois jours plus tard, toujours à La Guaira avec le fameux capitaine Skip Smith, et toujours en ligne de 4 livres de résistance, il capture un espadon xiphias de 73 livres qui est un record du monde qui tient toujours. Sur ligne de plus en plus fine, au Panama, il prend sur fil de 2 livres (soit l'équivalent d'un 10/100e des pêcheurs de gardon…) un fantastique espadon voilier pacifique de 97 livres, record du monde à l'époque. Parmi ses exploits sur ces fils de la vierge, citons un marlin bleu de 165 livres sur 8 livres, un marlin rayé de 190 livres toujours sur 8 livres, encore dans des rapports au-delà de 1 à 20.

Sur des fils « normaux » (en 12, 20, 30, 50, 80 et 130 livres) il a pris d'après les notes qu'il m'a fournies : 60 marlins bleus atlantiques, 8 Pacifiques, 22 marlins noirs, 37 marlins rayés, 56 marlins blancs et 6 espadons xiphias, sans compter d'innombrables voiliers atlantiques et pacifiques. Ses plus gros poissons sont à Cairns un marlin noir de 1 160 livres, un autre estimé à 1 200 livres et à Madère un marlin bleu estimé à plus de 1 000… Mais le poisson qui lui a donné le plus de fil à retordre, non pas pour le sortir, mais pour en voir un et le faire mordre, fut un petit lancier à rostre court Tetrapturus angustirostris (spearfish des Anglo-Saxons), qu'il lui fallait épingler à son palmarès, pour réaliser le « Billfish Royal Slam » de l'IGFA. Ce royal slam que l'on peut traduire par « super grand chelem », consiste à avoir capturé les neuf différentes espèces de poissons à rostre. Mission accomplie en mai 2014, avec un lancier d'une quarantaine de livres capturé et relâché à Hawaï, seul endroit de la planète connu pour y avoir quelque chance de rencontrer ce furtif poisson. Toujours en 2014, mais pour une fois pas sur ligne fine, il a profité d'un séjour en Nouvelle Écosse et sur l'île du Prince Edward, pour ajouter à son palmarès 13 thons géants, dont trois estimés à plus de mille livres…

Un seul regret à mon avis, dans cette carrière de pêche sportive bien remplie, qu'il ne se soit pas mis à la mouche… but nobody's perfect, isn't it !

Les Bibiches

Michel et Andrée Delaunay, plus connus au sein du Club, comme « les bibiches » sont certainement parmi les membres très actifs canne en main, soit en couple, soit en individuel, ceux qui ont écumé le plus d'océans et capturé les plus beaux et plus grands poissons à rostre et thonidés, sans oublier une passion également pour les tarpons géants… À ses débuts, dans les années soixante/soixante-dix, très pris par son atelier de photogravure, Michel ne pouvait guère s'éloigner de la région parisienne et très platoniquement, les dimanches pêchait les grosses carpes de l'Yonne à la patate… En 1978 à l'occasion d'un séjour à Sète, les bibiches découvrent la pêche au thon, c'est une révélation qui va très vite devenir une obsession. À partir de là, et de leur rencontre avec Pierre Clostermann et Sacha Tolstoï, va naître une collaboration dont le club à sa grande époque (plus de 1200 membres dans les années quatre-vingt/90), profitera grandement, par le biais des magnifiques publications-albums « Game Fish », de 200 pages toutes en couleur sur papier glacé. Il y en eut huit, une par an de 1985 à 1992, dont l'impression et la photogravure étaient offertes au Club par les bibiches. L'IGFA considérait à l'époque que ces splendides livres à couverture cartonnée, qui relataient la grande pêche sportive à travers le monde, étaient et de loin, ce qui se faisait de mieux en termes d'informations sur les meilleures destinations, les plus grands poissons et les plus belles histoires de pêche. Les plus grands photographes et illustrateurs, comme Hans Feurer, Guy Harvey, Borlandelli, illustraient les récits de Pierre Clostermann, Sacha Tolstoï, Réal del Sarte et quelques autres, avec pour résultat des albums vraiment magnifiques, dont la collection aujourd'hui est très recherchée… N'en doutons pas ces splendides albums « Game Fish » puis les revues trimestrielles toutes en couleur « Big Game Fishing », dont la fabrication là encore, était redevable de la générosité des Delaunay, ont fait connaître le Club bien au-delà de l'Hexagone et nous ont valu des centaines d'adhésions.

Pour résumer ici leurs exploits halieutiques, signalons que les bibiches en trente ans ont pris (et relâché la plupart du temps), plus de 500 marlins bleus, plus de 250 thons de plus de 100 kg et plus de 100 grands tarpons dont six records du monde. C'est eux qui avec Patrick Bermanne et Daniel Lopuszanski ont construit le camp de Mania sur l'île de Sherbro en Sierra Leone. Au cours du mois de mars 1997, devant le campement, Dédée avec Michel au bas-de-ligne, a « gagné » six records du monde féminin de tarpon sur fils de 12,16,20,30,50 et 80 livres… À Abidjan, en 1988, à bord de leur bateau « Bibiche » ils relâchent dans une même journée six marlins bleus estimés entre 300 et 700 livres. L'année suivante toujours au cours d'une même journée faste, Dédée relâche trois marlins entre 300 et 600 livres, Michel en prend un de 389 kg soit près de 900 livres et en casse un autre, estimé nettement au-delà de mille livres. Pour les marlins noirs, au cours des saisons 86,87 et 90 à Cairns, en Australie, les bibiches relâchent 62 poissons dont six « granders »… Plus récemment en 1998 aux Îles du Cap Vert, ils relâchent en une journée dix marlins bleus. Ils furent parmi les premiers à découvrir le gisement de marlins bleus de Cabo Verde. En 1990, Michel y avait tagué un phénoménal grand marlin estimé à plus de 1 400 livres… Pour la petite histoire, après avoir fait escale aux Canaries, Michel avait « descendu » lui-même son Bibiche depuis Port-vendres jusqu'à l'ancienne colonie portugaise… gonflé ! Surtout qu'à l'époque les prévisions météo au large des côtes africaines étaient loin d'être fiables… L'année dernière pour ses 79 ans, il est lui aussi aller tâter du thon géant en Nouvelle Écosse. En une semaine, il en a pris et relâché neuf estimés entre 800 et 1 200 livres… Ses ménisques avaient un peu souffert… Passé 80 balais, m'a-t-il dit, je retournerai avec Dédée, pêcher les marlins sur ligne de 30 ou 50 livres… c'est moins brutal que les thons…

Philippe Goichon par Barbara

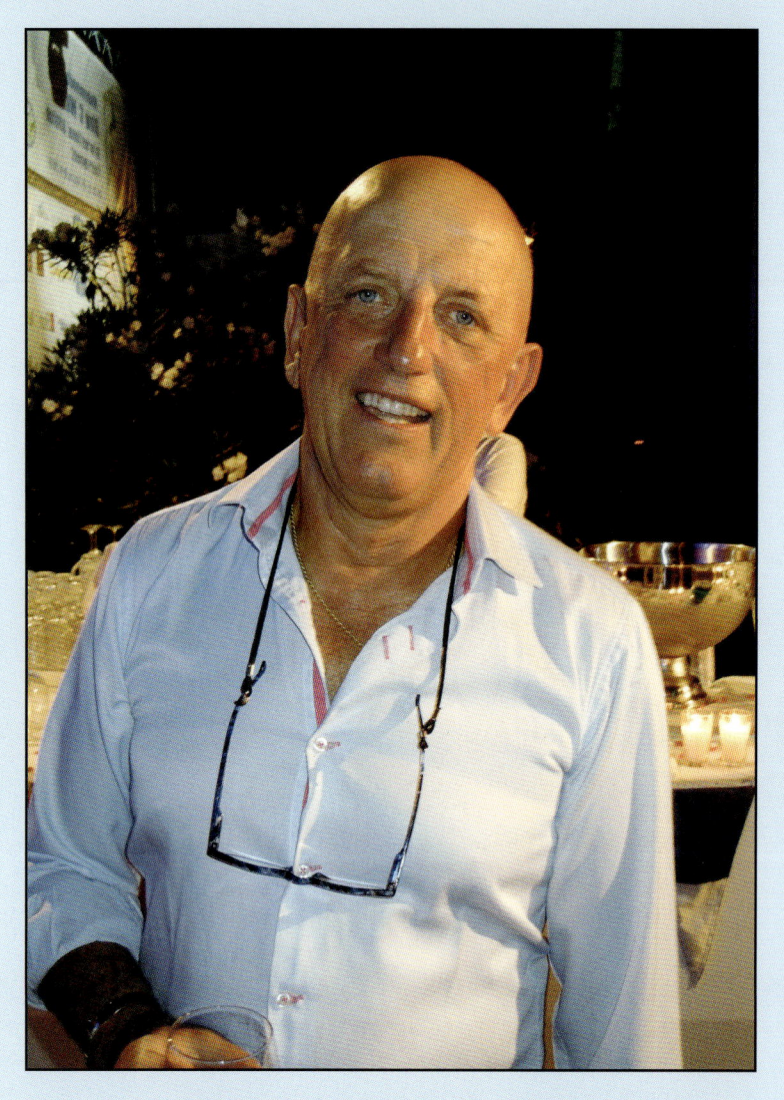

Philippe Goichon, notre actuel président, pas besoin de le présenter, tout le monde le connaît ou l'a connu à un moment ou à un autre de sa vie de pêcheur. Pour les anciens, c'est chez Motillon et pour les plus récents, chez Philippe Pêche. C'est un commerçant hors pair, un conseiller indispensable et en outre, un ami très fidèle.
Les femmes du BGFCF l'ont découvert quand Odile Robelin organisait ses concours féminins un peu partout dans le monde. Il était toujours « le consultant » sur place… avec Constant Guigo et Pierre Affre. À l'époque, beaucoup de nouvelles jeunes femmes venues au Club n'y connaissaient pas grand-chose en matériel. Ils leur montaient les fils sur une vingtaine de moulinets, réglaient les freins, testaient les lignes, aiguisaient les hameçons et tout ça autour de la piscine de l'hôtel. J'en rigole encore en repensant à leur numéro « à la Aldo Maccione » - tous en même temps, ils gonflaient leur pectoraux (surtout ne pas respirer, on ne sait jamais, ça peut relâcher…) - que nous admirions, en bikini, avec l'apéro à la main ! ! ! C'est grâce à lui que beaucoup de pêcheuses ont enfin eu leur propre matériel plutôt que d'emprunter les cannes et moulinets du mari. Et puis Philippe est un très bon danseur, toujours le premier sur la piste pour faire danser toutes les femmes et ça, on adore aussi.

À un moment de ma vie où je n'étais pas très bien dans ma peau, je tournais en rond à Paris et franchement, je me voyais mal partir à la pêche. Pour me changer les idées j'ai travaillé bénévolement, sur les nombreux stands où Philippe exposait. J'ai adoré ça : Salon Agricole, Salon Nautique, Salon de la Pêche et autres. Et, en écoutant Philippe, j'ai appris des tonnes de trucs : que le Rapala avec un long « bec » était plongeant et que le « bec » s'appelle une bavette et non un bec, qu'une canne anglaise est très longue et qu'elle a plein d'anneaux… j'ai su comment remplacer une manivelle de moulinet prévue pour main droite et beaucoup d'autres choses. Peu de marchands d'articles de pêche connaissent aussi bien le matériel que Philippe, il est toujours d'excellent conseil, parce qu'en plus le matériel, contrairement à beaucoup de vendeurs, il l'utilise à la pêche.

Nous avons disputé plusieurs tournois ensemble et nous en avons gagné certains. Philippe est un compagnon de pêche idéal, toujours de bonne humeur et surtout comme c'est un technicien hors pair, faire équipe avec lui est un énorme avantage. Du matériel de rechange, nous n'en manquons pas avec lui, comme capitaine mais je l'ai néanmoins vu se jeter à l'eau pour récupérer ma daisy chain cassée par un beau marlin… Il était bien placé pour savoir ce qu'elle coûtait !

B.P.

Constant Guigo

Spécialiste incontesté de la pêche à la traîne des petits thons méditerranéens, Constant Guigo assura la présidence du Club, à la suite de Sacha Tolstoï, de 1999 à 2003. Connu comme le loup blanc sur toute la côte d'Azur, grand copain de Carlos avec qui il a beaucoup pêché à l'île Maurice, il n'a pas son pareil en bon Niçois, pour mettre de l'ambiance et raconter des histoires de pêche, bien évidemment avé l'accent…

Dans son magasin, Guigo Marine, présent sur le port d'Antibes depuis quarante ans, Constant a accueilli, conseillé et équipé des milliers de pêcheurs-clients. Et comme l'a dit Sacha Tolstoï, lui aussi spécialiste en équipement, Constant préférera toujours se faire chicaner d'avoir vendu trop de matériel que pas assez et il a raison, il est de ces pudeurs dont il vaut mieux se méfier !

Pour ce brillant théoricien de la traîne en Méditerranée, la pêche hauturière est une grandiose aventure, mais dont les résultats ne doivent pas compter sur la chance. Même quand, comme il y a trente ans, les bancs de petits thons, rouge et germons, rassemblaient des dizaines de milliers d'individus, les trouver d'une part et ensuite les faire mordre, n'était pas donné au premier propriétaire de « promène couillon » venu. Cette pêche à la traîne des petits thons de 10 à 50 kg, se pratique presque toujours dans le grand large, hors de vue des côtes, dans des fonds supérieurs à 2000 m… Aujourd'hui avec les GPS, les choses sont plus faciles, mais il y a seulement un quart de siècle, il fallait pour réussir à cette pêche, maîtriser la navigation, savoir lire les cartes, faire des relèvements gonio et ensuite quand on avait trouvé les poissons, faire nager à la perfection un minimum de six à huit Rapalas ou d'autres leurres. La recherche des bancs de thons dans une zone aussi vaste oblige l'imagination à travailler et augmente dans des proportions considérables le plaisir de la capture. Mais cette pêche, la plus technique de toutes n'est pas donnée à tout un chacun et combien de propriétaires de bateaux, après avoir parcouru plus de mille milles en une douzaine de sorties sans rien prendre, ont juré qu'on ne les y prendrait plus. Quelle couleur de leurres, quelles tailles, quelle vitesse de traîne, quelle profondeur, tous ces facteurs ont leur importance mais en outre varieront d'un jour à l'autre, voire au cours d'une même journée. Si son partenariat avec la maison finlandaise Rapala a abouti à la fabrication de poissons nageurs très adaptés à cette pêche et même à la création de couleurs dont les testeurs scandinaves n'auraient jamais eu l'idée, le leurre roi de la traîne au thon, pour Constant, c'est la « couenne frétillante »…Sur ce sujet il est intarissable et on ne se lasse jamais de l'écouter expliquer le fonctionnement de cette petite lanière molle de peau de porc, insignifiante et pourtant si glorieuse… Un maestro vous dis-je !

Odile Robelin

Odile est certainement avec Barbara et Andrée Delaunay, la Française la plus titrée en compétitions et détentrices de records nationaux ou Igfa. Membre du BGFCF depuis 1988, elle est compte tenu de son palmarès, vite nommée responsable des concours féminins. Avec Barbara, elles ont démontré que sur les poids légers de la famille des marlins : espadons voiliers, marlins blancs et rayés, leurs résultats étaient bien souvent supérieurs aux machos du club qui se prenaient pour des Hemingway en puissance. Et quand il s'agissait de pêche sur ligne fine, leur sféminité et douceur dans le poignet étaient plutôt un atout.

Pour preuve les nombreux records Igfa qu'Odile a détenus ou détient encore : plusieurs espadons voiliers au Sénégal, au Costa Rica et marlins blancs au Maroc.
Comme Barbara, elle s'est mise à la mouche et très vite tant en réservoirs pour la truite que sur les flats pour le bonefish, elle est devenue une des plus fines gaules de France.
Odile a organisé des concours féminins de pêche au gros au Maroc, Costa Rica, Sénégal et Guadeloupe. En ces années de parité, Odile et Barbara ont bien mérité de la cause féminine halieutique. Bravo mesdames.

Jean-Paul Richard

Même s'il a abandonné très tôt la pêche aux grands poissons, Jean-Paul Richard n'en reste pas moins le seul Français à avoir défié sur leur terrain de la démesure halieutique, les milliardaires américains, qui jusque-là s'appropriaient les records de grands poissons les plus prestigieux dans les endroits les plus inaccessibles au commun des pêcheurs.

Zane Grey le premier avait inauguré la pêche à partir d'un bateau mère, ce qui lui avait permis dès les années trente de pêcher les eaux d'Australie, de Nouvelle-Zélande et de Tahiti. Dans son sillage, Lerner, Alfred Glassel et plus récemment Jerry Dunaway à bord de son mother ship « The madam » et son sportfisherman « the Hooker », avaient sillonné les mers les plus éloignées de toute base portuaire pour traîner leurs leurres dans des eaux « vierges » dont les poissons croyaient jusque-là, qu'ils allaient pouvoir y mourir de vieillesse. Pour avoir eu la chance, à l'occasion du premier championnat du monde de pêche à la mouche des « petits » marlins noirs dans les eaux de la Grande Barrière de Corail, d'avoir visité son bateau mère : le « French Look » et d'avoir pêché à bord de son sportfisherman du même nom, je crois pouvoir dire que Jean-Paul Richard avait à l'époque, réalisé le rêve le plus fou au service de sa folle passion pour la pêche.

Les chantiers navals militaires de Cherbourg avaient réalisé pour lui, une prouesse unique au monde au début des années quatre-vingt-dix, qui permettait à un sportfisherman d'une quarantaine de pieds (soit 13 ou 14 m) et de plusieurs tonnes à vide, de pouvoir être hissé sur un berceau aménagé sur l'arrière pont du bateau mère, en plein océan et dans des creux pouvant dépasser les deux mètres. Il n'y avait dès lors plus besoin de partir ou de revenir dans un port, d'autant que les soutes du bateau mère, hébergeait suffisamment de gasoil pour pouvoir faire une fois et demi le tour du monde à l'équateur…

Jean-Paul Richard, qui comme la plupart d'entre nous avait fait ses classes à Dakar dans les années quatre-vingt et s'y était déjà constitué un joli palmarès de records de poissons sur lignes plus ou moins fines, pouvait dès lors s'attaquer aux grands marlins noirs et bleus de la planète. Ce qu'il fit avec un succès qui rendit jaloux les pêcheurs américains qui jusque-là détenaient l'exclusivité, pourrait-on dire, de la pêche dans les coins les plus reculés de l'Atlantique du Pacifique ou de l'Océan Indien. Je crois me souvenir qu'il est un des rares pêcheurs, sinon le seul à avoir capturé au cours de la même journée deux marlins bleus de plus de mille livres. Aux dernières nouvelles que nous ayons eues de lui, il a abandonné la grande pêche sportive comme la course automobile et vit retiré à Tahiti où je le lui souhaite, il pêche à la palangrotte, les délicieux petits mérous du récif, dont il nous régalait à bord du French Look.

- III -
Spots de rêves

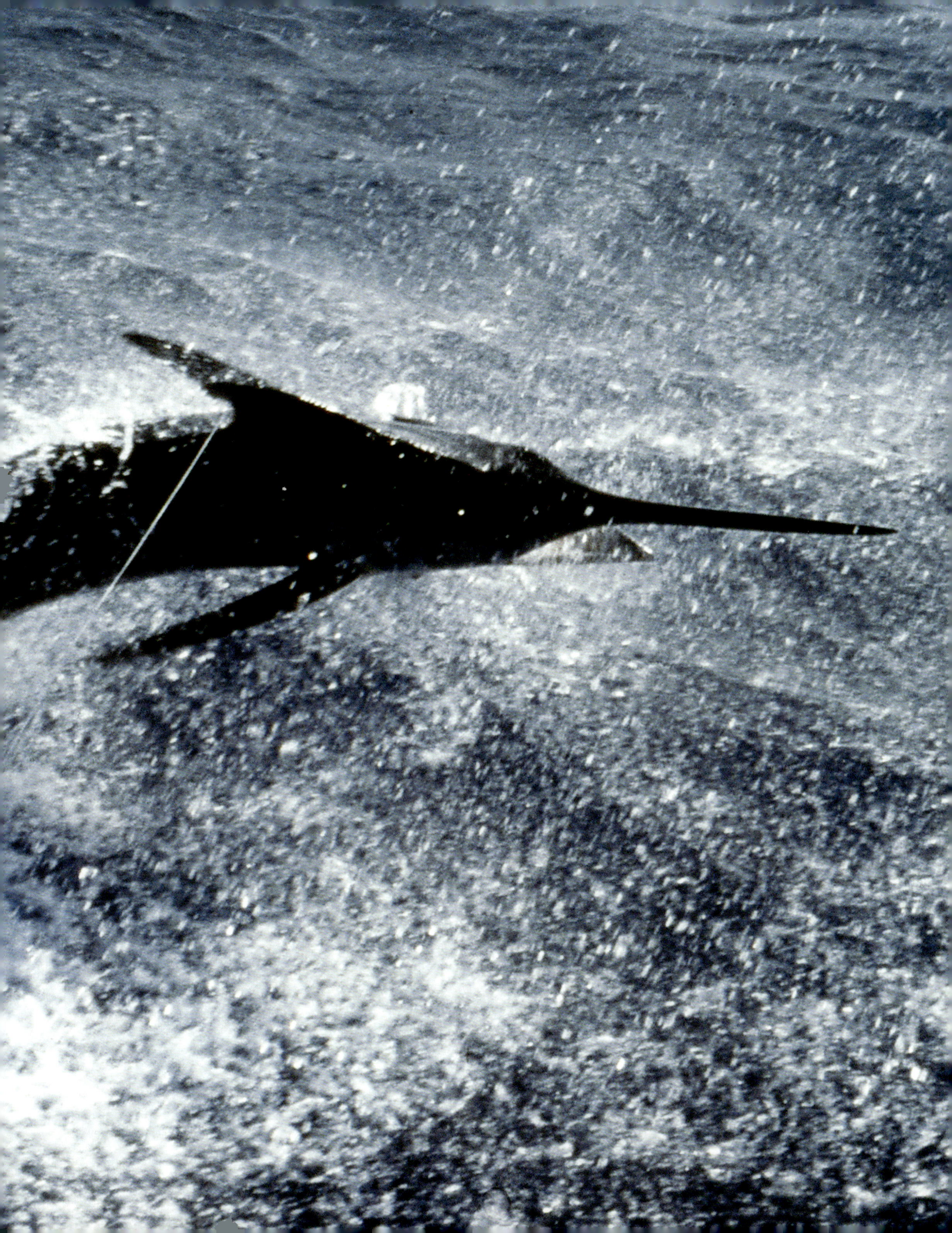

À l'extérieur de la Grande Barrière de Corail, là où rodent les grands marlins noirs, la mer n'est jamais un lac…

Cairns, le saint des saints…

Et cela fait plus de soixante-dix ans que cela dure… Contrairement aux destinations africaines (Sénégal, Côte d'Ivoire, Ghana, Cameroun) ou sud américaines (Pérou, Chili) que les grands marlins, noirs ou bleus, ont désertées quand ils n'y ont pas été décimés, bon an mal an, les saisons à Cairns, se suivent et sont en général excellentes, quand ce n'est pas comme l'année dernière encore, exceptionnelles.

Zane grey l'avait prédit dès le milieu des années trente : « les eaux australiennes n'ont pas fini de réserver des surprises, en matière de grands poissons, aux pêcheurs du monde entier… » Ce qu'il ignorait, c'est qu'à partir des années cinquante, les différents gouvernements australiens qui se sont succédés jusqu'à aujourd'hui, ont toujours privilégié l'aspect touristique de la pêche plutôt que les captures commerciales. Et depuis le milieu des années trente, quand démarra réellement la pêche des grands poissons à rostre, plus de 90 % des marlins de plus de mille livres, pris sportivement, que l'on appelle des « granders » en Australie, l'ont été dans les eaux de la Grande Barrière de Corail, au large de Cairns.

Cairns est une petite ville touristique côtière du Queensland, dans le Nord Est de l'Australie. C'est sa proximité avec la grande barrière de Corail qui en fait le principal attrait touristique, tant pour les plongeurs que pour les pêcheurs. C'est en effet, le long du tombant externe de la grande Barrière, qu'apparemment une grande proportion des marlins noirs indo-pacifiques viennent frayer entre les mois de septembre et de décembre. Pour m'y être rendu en 1982, à l'occasion du premier

C'est sur le tombant de la Grande Barrière de Corail, dans les eaux bleues du Pacifique sud, que les grandes femelles marlin noires viennent abandonner leurs millions d'œufs aux courants marins.

championnat international de pêche à la mouche des petits marlins noirs, j'ai pu constater le très grand nombre de marlins juvéniles d'un à deux ans d'âge et pesant de 10 à 40 kg, qui trouvent à l'intérieur du récif de la Grande barrière, protection contre les grands requins et nourriture en abondance. Ces tout jeunes poissons nés des œufs fécondés sur les tombants externes de la Barrière, ont été entraînés comme alevins, par les courants marins et ont compris qu'il leur valait mieux grandir entre la côte et le récif, plutôt qu'à l'extérieur. Entre Cairns et Townsville, 200 km plus au Sud, c'est une immense nursery, qui accueille ainsi des milliers de ces jeunes poissons à la croissance très rapide. À trois ou quatre ans, quand ils pèseront de 60 à 100 kg, ils iront mener leur vie vers le grand large, où leurs pérégrinations les mèneront (les suivis de migration par marques satellitaires l'ont démontré) des côtes australiennes jusqu'au Pérou, en passant par Tahiti, Hawaï et le Panama. Mais apparemment tous les ans de septembre à fin novembre, les grandes femelles de marlin noir en âge de procréer, reviendront vers les eaux de la Grande Barrière, où de nombreux petits mâles les rejoindront pour féconder leurs millions d'œufs.

Tous les grands pêcheurs du Club, ont été à un moment ou à un autre, quand leurs finances et leur emploi du temps le leur permettaient, sur les traces de Zane Grey, de Michael Lerner et des milliardaires américains qui voulaient prendre un « grander ». Pierre Clostermann, Sacha Tolstoï, les Bibiches, Jean-Pierre Cochain, Marcel Prot, Michel Marchandise, Daniel Lopuszanski, Jean-Paul Richard, Marc Giraud, Pierre Dupuy et d'autres que j'oublie, y ont réussi et inscrit leurs noms dans les annales de Cairns ou de Lizard Island, avec un ou deux « plus de mille livres » à leur actif. S'il est un endroit dans le monde où j'aimerai retourner (quand j'y étais ce n'était pas au moment de la courte saison de migration des grandes femelles), c'est bien à Cairns, non pour pêcher mais pour filmer, photographier ou simplement m'en mettre plein les yeux. Nulle part ailleurs dans le monde aujourd'hui, il est possible, hors météo exceptionnellement exécrable, de voir à quelques mètres, derrière le bateau, dans des eaux cristallines, des poissons aussi grands, venir en surface gober des appâts de dix ou quinze kilos. La moyenne est à 700 ou 800 livres, et beaucoup font plus de mille, quelquefois quinze cents livres… Et quelques skippers et clients ont vu et même ferré des marlins approchant probablement une tonne, soit le poids d'un taureau charolais. Bien sûr, direz-vous, aujourd'hui sur You Tube ou je ne sais quel autre site de visionnage sur Internet, il est possible de voir ces immenses poissons, lors de leurs acrobaties aériennes filmées par une ou plusieurs caméras GoPro… Peut-être, mais moi ce que j'aimerais, c'est voir ces grands poissons suivre l'appât, comme une truite suit un vairon, avant de se décider à l'attaquer. Et ensuite, quand ils ressentent le fer de l'hameçon, j'aimerais les voir jaillir de la Mer de Corail et m'éclabousser quand ils retombent. D'ailleurs, comme l'a très bien dit Hemingway, dans une de ces fameuses lettres au magazine Esquire, si on ne les pêchait pas à la ligne (il parlait des marlins noirs du Pérou et des marlins bleus de Cuba), on ne saurait même pas que ces poissons-là, aussi beaux et aussi grands soient-ils, existent. Bien sûr les palangriers ou les fileyeurs asiatiques en remplissent les cales de leurs gigantesques navires-usines, mais personne à part des manutentionnaires ne les voient débarquer sur un quai de Séoul ou de Tokyo, et encore sont-ils alors des blocs de viande raidis par la congélation, vidés sans la tête, ni le rostre, ni l'immense queue en croissant.

L'année dernière, à Cairns un nouveau record du monde est tombé. Stéphanie Choate, pour ses vingt ans a pris un fantastique marlin noir de 1 111 livres, soit 504 kg… sur fil de 50 livres. Son père, célèbre skipper de Cairns, n'était pas peu fier.

Si donc pratiquement 90 %, peut-être plus, de tous les marlins de plus de mille livres ont été pris et continuent d'être pris à Cairns, il en est cependant trois ou quatre de plus de 1 450 livres, dont le fameux record du monde d'Alfred Glassel de 1 560 livres (708 kg), qui n'ont pas été pesés à Cairns et restent en travers de la gorge des skippers et pêcheurs australiens. Ces trois ou quatre poissons qui figurent en bonne place dans le livre des records, ont été pris et pesés au Pérou, à Cabo Blanco, au début des années cinquante, quand d'énormes marlins noirs venaient festoyer dans les bancs de thons et de bonites qui eux-mêmes s'empiffraient d'anchois. Ces grands marlins noirs, les marquages satellitaires semblent le prouver aujourd'hui, étaient sûrement nés au large de la Grande Barrière de Corail, mais se sont fait prendre et peser au large des côtes péruviennes. Pour avoir évoqué ce sujet qui fâche, dans le bar des pêcheurs où nous nous retrouvions tous les soirs, à Cairns, je me souviens que pas un skipper ou pêcheur australiens, ne voulut admettre ce qu'ils considèrent encore aujourd'hui comme une injustice. Et il est vrai, en observant les photos et en comparant les longueurs et tours de taille des poissons accrochés au portique de Cabo blanco avec ceux de Cairns ou de Lizard Island, qu'à longueur égale et tour de taille nettement inférieur, les poissons péruviens pesaient pourtant 100 à 200 livres de plus que ceux d'Australie. Cherchez l'erreur !

1926 : Zane Grey et Laurie Mitchell avec dix grands marlins rayés pris en une journée dans la Baie des Îles.

Nouvelle Zélande… un peu loin, mais toujours une valeur sûre !

Comme à l'époque de Zane Grey, dans les années trente, la Nouvelle Zélande est encore aujourd'hui, un eldorado pour la grande pêche sportive. Dans les années soixante Pierre Clostermann a traîné ses mocassins sur les docks de la Baie des Isles, au Nord Est d'Auckland, la capitale, et y a pris un de ses plus grands marlins noirs, ainsi que des requins tigres gigantesques. Mais compte tenu de l'éloignement, pratiquement aux antipodes de notre pays, et des conditions météo souvent exécrables, bien peu de membres du Club connaissent ce pays pour la grande pêche. Ce qui n'est pas le cas de notre dernier président, Michel Marchandise, qui a bien dû y effectuer une dizaine d'allers et retours depuis le début de ce troisième millénaire, avec à chaque fois des séjours de deux à trois semaines. Pourquoi autant de si lointains voyages direz-vous ? Essentiellement pour une quête du Graal, là encore, prendre un grand xiphias, et pourquoi pas un record du monde. Comme avant lui Zane Grey, Lerner, Clostermann, Michel pense que le véritable

Sur le dock de Whangaroa, Michel Marchandise avec un xiphias de plus de 500 livres pris sur 30 livres à bord du Primetime du capitaine John Gregory.

espadon est le plus vaillant combattant des océans. Certainement pas aussi spectaculaire que les grands marlins, mais beaucoup plus endurant et surtout devenu très rare. En fait depuis un bon demi-siècle, pratiquement tous les grands xiphias de plus de 300 kg pris sportivement, l'ont été au large de la Nouvelle Zélande. À l'occasion d'un tournage pour la chaîne *Seasons*, j'ai eu la chance de pouvoir accompagner Michel « down Under », dans sa quête du Graal.

À la pointe nord-Est de l'île du Nord de la Nouvelle Zélande, le petit port de pêche de Whangaroa garde l'entrée de la sublime Baie des Isles (Bay of Islands) peut-être découverte par Bougainville en 1768, une année avant que Cook fasse le tour des deux grandes îles et établisse la cartographie de la Nouvelle Zélande, à peu de chose près telle que nous la connaissons aujourd'hui. Nous sommes ici par 34 ° de latitude sud, dans des eaux très inhospitalières où aujourd'hui encore peu de navires s'aventurent loin des côtes. Aux confins de la Mer de Tasmanie et du Pacifique Sud, quand le vent qui peut se lever très vite est contraire aux puissants courants du pacifique, en quelques heures le baromètre peut chuter de plus de 40 mm et les vagues atteindre 8 à 10 mètres. Mais du fait de son éloignement, et parce qu'elle est sous le contrôle très « écologiquement conscient » des autorités néo-zélandaises, cette zone reste aujourd'hui une des meilleures destinations pour la pêche des grands poissons marins comme les thons, mais surtout les marlins (trois espèces sont ici présentes), les requins mak et l'espadon véritable : Xiphias gladius.

Des îles inhabitées qui sont d'anciens volcans éteints surgis de plus de 3 000 m au fond du Pacifique parsèment la zone, et sont classées en réserve intégrale pour les oiseaux marins dont les fameux albatros. Des orques et des cachalots y croisent à quelques milles des côtes, tant les fonds marins y plongent rapidement. Avant d'appareiller pour huit ou dix jours de mer à plus de 150 milles du Cap Nord de la Nouvelle Zélande, il convient de pêcher suffisamment d'appâts qui seront conservés dans les chambres froides du bateau. Dès la sortie du petit port de Rhangaroa, nous n'aurons que

Toujours en 1926, Zane Grey combat au large de l'île du Nord de la Nouvelle Zélande un grand espadon xiphias.

l'embarras du choix pour mettre le cap sur une ou l'autre des nombreuses chasses d'oiseaux marins qui indiquent les « feeding frenzy » (frénésies alimentaires) de kahawaï ou de kingfish. Les kahawaï, poissons typiquement néo-zélandais sont quelquefois appelés les saumons du Pacifique Sud et pèsent en moyenne de 3 à 5 kg. Une fois un nombre suffisant d'appâts attrapés, le capitaine Gregory, si la météo le permet, va mettre le cap sur ses coins de pêche favoris, que son bateau, le Primetime, un sportfisherman de 58 pieds, atteindra selon l'état de la mer après 10 à 16 heures de navigation. Comme la pêche de l'espadon se pratique uniquement de nuit, durant la journée nous pêcherons à la traîne les marlins bleus, noirs et surtout rayés. Cette dernière espèce est encore très abondante dans ces eaux, mais surtout présente dans cette zone la plus forte croissance que l'on connaisse. Ce n'est pas un hasard, si pratiquement tous les records du monde homologués pour le marlin rayé, ont été pris au large de la Nouvelle Zélande. Alors que partout dans le monde un marlin rayé de 100 kg est considéré comme un gros poisson, ici l'espèce atteint couramment le double de ce poids avec des records à plus de 220 kg.

Pour revenir à Xiphias, les particularités biologiques de ce poisson, font qu'il passe le plus clair de son temps si l'on peut dire, dans l'obscurité marine des grands fonds, entre 200 et 800 m de profondeur, et remonte à la faveur de la nuit à la poursuite des bancs de calmars (ses proies favorites) qui migrent alors vers la surface. Immerger des appâts de jour entre 200 et 500 m de profondeur et espérer une touche reviendrait à chercher une aiguille dans une botte de foin. Alors que la nuit

2010... Michel Marchandise sur les traces de Zane Grey avec un rare doublé de xiphias...

quand les grands prédateurs migrent vers la surface, en présentant quatre appâts, à 30 m, 20 m, 15 m et 10 m de profondeur à l'arrière du bateau, les probabilités de rencontre sont infiniment augmentées. L'attente peut-être longue, moteur arrêté et bateau en dérive. Les statistiques du capitaine Gregory font état en moyenne d'une à deux touches seulement par nuit, et celles-ci ne se traduisent pas toujours par un poisson correctement ferré. Si c'est le cas, la bagarre de nuit, avec ces grands poissons ne tournent pas non plus toujours à l'avantage du pêcheur, bien au contraire. Lors de mon séjour, Michel a combattu plus de 3 h 30 sur fil de 30 livres un Xiphias vu par le capitaine et estimé à plus de 600 livres... qui dans une mer démontée, a finalement eu raison de la ligne. L'année suivante, au grand large de l'île du Nord, autour des îles des Trois Rois, il est resté en combat trois fois plus de dix heures avec des espadons records du monde, dont une fois je crois quinze heures, pour voir le lendemain matin, quand le jour s'était levé sur la Mer de Tasmanie, le grand xiphias gladius vaincu à portée de gaffe, se faire sectionner le pédoncule caudal par un mako encore plus gros que son espadon qui pesait tout de même un peu plus de 300 kg... Ce qui en aurait fait un fantastique record du monde sur fil de 30 livres. Enfin l'année dernière, toujours à bord du Primetime, suite à la défection d'un client américain, le capitaine Gregory a fait pêcher son marin, Jim Jigger, qui a établi un nouveau record du monde sur fil de 80 livres cette fois, avec un fabuleux espadon de 404 kg. Preuve que la mer de Tasmanie abrite encore dans ses profondeurs de grands gladiateurs.

Bas de ligne en main, ce grand thon est prêt à être relâché. Le fil de 400 livres sera coupé au ras de l'hameçon.

Nouvelle Écosse, la résurrection…

Fréquentées dès les années trente, par les pionniers de la pêche au « tout gros », Zane Grey, Lerner, Farrington, Mitchell Henri pour n'en citer que quelques-uns, les eaux de la Nouvelle Écosse, qui était encore une colonie britannique avant guerre, étaient connues pour les grands espadons et les thons géants qui tous les automnes suivaient les immenses bancs de harengs et de maquereaux, pour s'en goinfrer, jusqu'à quelques centaines de mètres des rivages de l'ancienne Acadie. Zane Grey, puis l'Anglais Mitchell Henri, y prirent des thons rouges records du monde. Jusqu'au début des années soixante-dix, la Sharp Cup et la Tuna Cup, voyaient s'affronter jusqu'à une quinzaine d'équipes nationales américaines et européennes.

En 1972, Pierre Clostermann et Guy Real del Sarte s'y classent très honorablement à la troisième place, avec une équipe de France, sponsorisée pour les moulinets par la maison savoyarde Mitchell (rien à voir avec Mitchell Henri…). Et puis là encore, comme un peu partout dans l'Atlantique Nord, la surpêche des harengs et aussi des thons tout au long de leur migration vers le golfe du Saint Laurent, font tomber dans l'oubli, pour plus d'un quart de siècle, les petits ports de pêche de l'Acadie. Ce n'est qu'il y a une dizaine d'années, que quelques pêcheurs curieux embarqués sur des caseyeurs à homards, découvrent que les harengs et les thons géants sont de retour sur les côtes de Nouvelle Écosse, mais aussi de Terre Neuve, du Nouveau Brunswick, de l'île du Prince Edward et un peu du Québec.

Le temps que ces informations arrivent en France, mais je laisse ici la parole à Michel Marchandise, notre ancien Président : « Très intrigué par les informations en provenance du Canada faisant état d'un retour en nombre de très gros poissons depuis 5 à 6 ans, nous avions contacté le légendaire Ken Fraser, détenteur du record all-tackle (1 496 pounds !) qui venait de publier *Possessed*, le livre qui raconte sa passion pour la pêche au thon et bien entendu l'histoire de son record, un homme charmant qui nous le confirma. C'est ainsi que nous nous sommes retrouvés à Canso, sur la façade atlantique de la Nouvelle-Écosse il y a cinq ans, Pierre Affre et moi pour tenter notre chance…
Séjour mitigé. Endroit magnifique, perdu et authentique, beaucoup de poissons et certains bateaux plus en réussite que d'autres. Un de nos voisins prit sept thons en sept jours alors que nous-mêmes n'avions eu que deux touches (l'une casse, l'autre décroche) en cinq jours. Équipage de pêcheurs professionnels de homards, sympathiques, courageux mais limités dans la compétence big game et encore plus dans les règles de pêche sportive. Quand on est, comme Pierre et moi très impliqués dans l'IGFA, difficile de recommander une opération qui ne peut garantir que les combats se feront dans les règles… Et puis, il y a deux ans, nos amis Marc Giraud et Daniel Lopuszanski, se sont rendus eux aussi en Nouvelle-Écosse mais sur la façade Golfe du Saint-Laurent, cette fois à Ballantyne's Cove. En face, se trouve le détroit de Northumberland qui sépare la Nouvelle-Écosse de la célèbre Prince Edward Island (PEI) située ainsi plus à l'intérieur des gigantesques bouches du fleuve.
Marc avait bien fait ses devoirs de recherche et avait repéré que le skipper Josh Temple venait de commencer une activité de guide de pêche au bluefin dans le coin en association avec les deux

Pendant que je le filme, Michel Marchandise s'arc-boute au siège de combat…

frères Boyd, pêcheurs locaux de crabes et de homards. Depuis quatre ans, ils se sont mis au charter thon rouge pour meubler un moment creux de l'année et profiter ainsi de la licence de pêche à la ligne du thon rouge, dont seuls les pêcheurs professionnels locaux peuvent bénéficier. Un bon siège de pêche sur le long pont arrière du caseyeur et c'est parti.
Formidable et incroyable première expérience pour nos amis ! Sept poissons relâchés entre 750 et 1 100 livres, une casse, deux décrochés et plusieurs touches, le tout en six jours de pêche. N'y tenant plus, nous y voilà, Michel Delaunay, mon fils Louis et moi en septembre 2013. Résultat des courses : 18 poissons relâchés en 9 jours de pêche, d'une moyenne de 800 livres ! Même pas exceptionnel, juste un peu au-dessus de la moyenne… Et sur 130 livres. J'insiste car il a fallu le préciser. À défaut, le 200 livres est de mise… Le nombre de touches permet évidemment de se familiariser et de s'améliorer en « heavy tackle », notamment en supportant des freins de plus en plus serrés, jusqu'à 80, 90 livres en fin de combat et en jonglant avec les deux vitesses de récupération. Quand on aime ça, c'est quelque chose ! Et ce n'est d'ailleurs pas si fréquent de pouvoir batailler autant de poissons qui tous méritent et justifient ce matériel lourd. Ce qui donne des combats de généralement moins d'une heure, voire beaucoup moins si l'on y va « fort ». Un poisson estimé à 1 100 livres ne viendra tout de même qu'en 2 h 40.

De manière assez surprenante, on pêche très près des côtes, parfois à moins d'un mille et à faible profondeur, disons trente mètres en moyenne, là où les gros thons viennent se bâfrer dans les bancs de harengs et de maquereaux venus frayer en très grand nombre dans toute cette région et faire ainsi le plein de calories avant les migrations et surtout l'hiver qui s'annonce. Parfois tout proche du port d'attache, parfois plus loin, à 12 milles si l'on traverse la baie de Saint-Georges pour se rendre au sud de l'île du Cap-Breton, tout près de l'endroit ou Ken Fraser a pris son poisson de légende. »

La pêche au thon dans l'immense zone du Golfe du Saint-Laurent, entre la fin août et la fin octobre, est actuellement extraordinaire. Meilleure même qu'elle n'a certainement jamais été et probablement moins bonne que dans le futur vu le nombre croissant de poissons d'année en année. Sans doute, est-ce grâce aux mesures de protection très strictes que la pêche est redevenue aussi bonne. Sur toute la façade atlantique de l'Amérique du Nord, depuis les frayères du Golfe du Mexique jusqu'au nord du Canada, les licences professionnelles de pêche au thon sont très contingentées et réservées aux pêcheurs artisans locaux, qui ne sont pas très nombreux. Quelques dizaines dans la région de Boston, qui ont le droit de pêcher le thon au harpon et moins de 400 pour l'ensemble des Provinces maritimes canadiennes.

Au Canada, toute pêche du thon aux filets est interdite et seule la pêche à la ligne de ces géants est autorisée avec des quotas très stricts de deux ou trois poissons par pêcheur pour la saison. Le nombre de licences est très limité : 135 en Nouvelle-Écosse (sur 7 600 km de côtes), aux alentours de 90 au Nouveau Brunswick, une trentaine à Terre-Neuve, et seulement 50 au Québec, vraiment pas grand-chose au regard de ces immenses territoires de pêche.

Comme de plus en plus de pêcheurs sportifs, américains mais également européens, sont prêts pendant la courte saison, à payer plus de mille dollars une journée de charter, les pêcheurs canadiens préfèrent que ces poissons soient pris et à plus de 90 % relâchés, par les pêcheurs sportifs qu'ils embarquent. Les marquages satellitaires ayant démontré que la mortalité après « release » en pêche sportive est très faible (moins de 3 %), les normes pour les charters ont été revues à la hausse, autorisant deux releases et quatre touches par jour.

Moins de 3 % des poissons relâchés meurent après leur retour dans l'eau.

Fin septembre 2014 pour un nouveau film, j'ai accompagné Michel et son fils Louis à Ballantynes Cove, toujours sur le bateau des frères Boyd avec Josh Temple, comme « directeur » des opérations. Âgé d'une quarantaine d'années, Josh originaire de Colombie britannique, est un des plus pro-skippers qu'il m'ait été donné de rencontrer. Avant de prendre ses pénates en Nouvelle Écosse, il avait fait prendre à ses clients, au printemps et en été 2014, l'incroyable nombre de 864 marlins bleus, en moins de deux cents jours de pêche au grand large du Costa Rica.

À Ballantynes Cove, en dix jours de pêche, Michel et son fils amenèrent au bateau 16 grands thons, dont deux estimés à plus de mille livres sur un total de 22 grands thons ferrés. Il y eut deux casses et quatre décrochés, dont un sur hameçon ouvert… À noter qu'en « stand up », ils prirent chacun un poisson, dont un des deux plus de mille livres… Le dernier jour, ils avaient comme c'est obligatoire, prévenu les autorités la veille, que si les circonstances le permettaient ils désiraient tuer et garder le seul et unique thon autorisé pour les frères Boyd. Le deuxième poisson du jour fit l'affaire : un magnifique thon, qui accusera sur la balance 904 livres soit 410 kg. Ce n'est qu'une fois sorti de l'eau que l'on se rend vraiment compte de la taille de ces monstres. Dans l'île voisine de Cap-Breton, le 30 octobre dernier, un thon de 1 390 livres, soit 631 kg a clos la saison en beauté.

Dans les eaux bleues de Madère, cette femelle de marlin estimée à plus de 1 200 livres vient d'être « équipée » d'une marque satellitaire qui paraît bien petite à l'épaule du poisson.

Madère, toutes les saisons ne se ressemblent pas !

Les plus anciens membres du Club se souviennent qu'il y a une vingtaine d'années, pendant deux saisons estivales consécutives, l'île de Madère avait défrayé la chronique des captures sportives de grands marlins bleus… Alors que très peu de bateaux étaient dans la confidence, plusieurs « plus de mille livres » avaient été pesés, d'autres relâchés et des dizaines de poissons estimés entre 700 et 1 000 livres, combattus, perdus, marqués ou relâchés… La fête avait duré deux saisons… La troisième, j'y fus pour essayer de faire un film sur le French Look le bateau de Jean-Paul Richard. Pierre Clostermann était là également, invité de Stewart Campbell… Mais cette troisième saison fut pauvre en captures, alors que pourtant les meilleures « équipes » cette fois avaient eu vent de l'affaire et se trouvaient dans le petit port de Funchal. En une semaine de traîne aux leurres, en juillet 1996 sur le French Look nous n'avons enregistré qu'une attaque de « gros poisson » qui s'est décroché au premier saut… L'année précédente Jean-Paul et ses garçons qui avaient 16 et 18 ans à l'époque, avaient pris trois marlins de plus de mille livres et nombre de poissons entre 500 et 900 livres… Les années suivantes, les grands marlins désertèrent les parages de Madère et pendant une dizaine d'années, on n'en entendit plus parler…
Et puis en 2005 les trois bateaux locaux équipés pour cette pêche, signalèrent de nouveau des captures ou des attaques de « granders » et en 2006 une petite flottille internationale installa de nouveau ses pénates à Funchal durant les mois de juin, juillet et août avec d'assez bons résultats pour certains équipages… Dans le petit monde de la pêche au gros, ce retour des grands marlins à quelques encablures des côtes de Madère n'était pas passé inaperçu, et de nombreux bateaux américains avaient traversé l'Atlantique pour être à pied d'œuvre dès l'ouverture des hostilités, en juin. Certains des meilleurs skippers du monde étaient là : Ron Hamlin, Charles Perry, Peter Bristow, Barkey Garnsey avec Steward Campbell. Notre ami José Luis Besteigui était là aussi avec son nouveau bateau. Et les marlins furent au rendez-vous, bien que de façon assez irrégulière au cours de l'été. Au cours de cette saison 2006 de nombreux poissons entre 550 et plus de mille livres furent capturés. Le capitaine Bristow relâcha même pour une pêcheuse américaine ce qui aurait certainement pu être le nouveau record du monde féminin du marlin bleu atlantique, un poisson estimé nettement au-dessus de mille livres, mais que sa cliente refusa de tuer… Steward Campbell prit un 750 livres en stand-up sur fil de 30 livres… Ron Hamlin captura et relâcha un poisson estimé bien au-delà de mille livres… Le capitaine Bristow fut obligé d'amener à la pesée un poisson de 843 livres « mort au fond »… Fin juillet et début août, tous les jours des attaques sur leurres d'un ou deux gros « bleus » furent signalées. Hamlin relâcha un 900 livres et un poisson de 1 093 livres fut embarqué par un équipage local après avoir été ferré à la sortie du port de Funchal. Début août, Bristow amena une grosse femelle estimée autour de mille livres le long de sa coque et ce poisson repartit avec une marque « pop up » satellite, pour nous en dire un peu plus sur les migrations de marlins bleus dans cette région de l'Atlantique nord…
Et puis de nouveau, les années suivantes et jusqu'en 2013, furent maigres à Madère… Beaucoup de bateaux sur zone et peu de poissons pendant sept ans. L'année dernière et cette année (2015), notre ami José Luis Beistegui, nous signale un joli renouveau avec toujours quelques très gros marlins bleus. Rappelons que Madère n'est qu'à une petite heure d'avion de Lisbonne, que l'île est magnifique, que les hôtels et les restaurants y sont très bons et de prix raisonnables et que quelques charters locaux sont à la disposition des touristes pêcheurs… Si l'aventure vous tente peut-être faudrait-il mieux maintenant attendre les saisons 2020, 2021… !

*À la sortie de la baie de Mindello,
sur l'île de Sao Vicente, cette chapelle construite
par les Portugais au XVIIIe siècle,
veille toujours sur les pêcheurs...*

Les îles du Cap Vert...

Depuis une quinzaine d'années, l'archipel du Cap Vert est devenu de mars à septembre le rendez-vous incontournable des pêcheurs sportifs de marlins bleus. Situé dans l'océan atlantique, à environ 600 km au large des côtes du Sénégal, l'archipel du Cap Vert est composé d'une dizaine d'îles et de plusieurs îlots inhabités. Ancienne colonie portugaise, le pays a accédé à l'indépendance en 1975. Les îles sont regroupées en îles au vent au Nord (comprenant Santo Antão, São Vicente, Santa Luzia, São Nicolau, Sal et Boa Vista) et en îles sous le vent au sud (comprenant Maio, Santiago, Fogo et Brava).
C'est autour de Sao Vicente, Sal et Sao Nicolau, dans une mer malheureusement presque toujours agitée que se concentrent les marlins et leur pêche. La petite marina dans le port de Mindelo, sur l'île de Sao Vicente, abrite tous les printemps jusqu'à une vingtaine de bateaux charters ou privés, dont à peine la moitié (ceux qui font au moins 40 pieds) peut sortir quand les alizés soufflent trop fort. Tous les ans, depuis une dizaine d'années, les plus grands et les plus beaux bateaux de pêche américains traversent l'Atlantique pour faire la haute saison du Cap Vert qui va généralement d'avril à début juillet. Le premier à avoir il y a plus de vingt ans fait connaître la destination fut

*Mon ami Dominique Dufour (à gauche),
un des meilleurs pêcheurs de saumon du gave
d'Oloron a trouvé au Cap Verde
poissons plus grands. Ici un marlin bleu.*

le fameux Hooker de Jerry Dunaway. Depuis plusieurs saisons, maintenant Peter Wright est un abonné de Mindelo et y organise même ces fameux séminaires.

Dans le sillage de notre Président d'honneur, Marcel Prot qui à bord du Hooker, y captura en une journée quinze marlins bleus, de nombreux membres du Club ces dernières années se rendent tous les ans, via Lisbonne, à Mindelo. Selon les années et la météo, la pêche peut être assez irrégulière et comme souvent au marlin bleu, à une semaine excellente avec une dizaine de suivis par jour, succédera une mer vide… Quand on peut, l'idéal est bien évidemment comme le font les Bibiches depuis maintenant cinq ans, d'y programmer sur un bon bateau, quatre à six semaines de pêche. Il est alors bien rare qu'au moins deux semaines n'y soient pas exceptionnelles.

On ne va pas au Cap Vert pour y capturer des poissons records, quoique tous les ans un ou deux poissons approchant ou dépassant les mille livres y soient ferrés et le plus souvent perdus sur des lignes trop fines. Non, les pêcheurs européens ou américains qui se rendent au Cap Vert, y vont pour le nombre de touches. Certains jours fastes, il n'est pas rare d'avoir une vingtaine de suivis de poissons pesant entre 150 et 300 kg… avec presque autant d'attaques. La pêche s'y pratique la plupart du temps aux leurres en traîne rapide, mais les équipages les plus pointus, préfèrent traîner des leurres non armés, pour attirer les poissons très près de l'arrière du bateau, ou en « Switch and bait », le pêcheur choisira (en fonction du poids estimé du poisson) de lui présenter un appât naturel (maquereau, ventre de bonite ou calmar) monté sur une ligne en rapport avec le poids présumé du marlin. Cette technique est bien évidemment l'idéale quand on veut s'attaquer à un record sur ligne de 12, 20 ou 30 livres.

Dakar… De profundis…

L'ancienne capitale de l'AOF, située à l'extrémité de la péninsule du Cap Vert, a été le passage quasi « obligé », à partir du début des années soixante-dix, des membres du Club, qui voulaient s'initier à la « pêche au gros ». En fait il s'agissait à l'époque de petite « pêche au gros » si je peux m'exprimer ainsi. À partir des mois de juin et jusqu'en septembre, les espadons-voiliers, d'un poids moyen de 20 à 30 kg, constituaient l'essentiel des captures sportives, avec quelques coryphènes, voire un barracuda ou un tassergal de service. Il ne s'agissait donc pas à proprement parler de pêche au gros, même si de temps en temps un voilier atteignait un poids « record » de 40 ou 45 kg… Qui plus est, à cette époque, la plupart des bateaux des centres de pêche sénégalais, étaient équipés en 80 livres, et le ferrage des poissons était presque toujours réalisé, par une accélération du bateau. Il fallait d'ailleurs bien cela pour faire pénétrer les énormes hameçons 8 ou 10/0 dont les pointes n'étaient jamais aiguisées. Comme mon frère Gérard, également pêcheur, fut de 1975 à 1978, professeur vétérinaire assistant à l'École de Dakar, je me rendais au moins deux fois par an, à l'époque, pour pêcher et photographier les voiliers dont les performances acrobatiques au bout d'une ligne m'ont toujours sidéré. Je me souviens qu'en 1976, nous avions gagné le concours organisé par la Caledonian Airline, compagnie écossaise, qui je ne sais pour quelle raison desservait Dakar depuis Paris. Nous avions pris deux fois plus d'espadons que la plupart des autres concurrents, y compris du Club de Dakar, non parce que nous étions meilleurs qu'eux, mais parce que j'avais ramené de Floride des hameçons Eagle

Les grandes pirogues sénégalaises qui pêchaient tous les jours entre une et cinq tonnes de sardinelles, il y a encore un quart de siècle, ne prennent aujourd'hui plus rien dans les eaux pillées par les chalutiers industriels des pays riches. Certaines sont utilisées aujourd'hui pour emmener les migrants vers les îles Canaries espagnoles. Nous ne leur avons pas laissé d'autres choix…

Claw, de 5 et 6/0, aux pointes affûtées qui pénétraient au ferrage y compris dans les rostres des poissons. C'est à partir de ces années-là, à l'instigation de Pierre Clostermann et Sacha Tolstoï, que les différents centres de pêche dakarois, comprirent qu'il était ridicule de hâler des poissons de 20 à 30 kg sur des fils de 40 kg, et qu'on commença à pêcher sur ligne de 30 livres, puis très vite en 20 livres. Là cela devenait intéressant, surtout quand le troisième jour du Concours International de Dakar, au début des années quatre-vingt, le règlement stipulait pour la journée, fil de 20 livres maximum et combat « bateau arrêté ». Il fallait alors être jeune et agile, pour faire plusieurs fois le tour du bateau, le long de la rambarde, pour suivre les espadons dans leurs évolutions. Heureusement les moulinets Shimano TLD 20 et 30 avaient déjà de fantastiques systèmes de freinage. Bien sûr, bateau arrêté sur 20 livres, nous cassions quelques poissons, mais il y en avait tellement en ces débuts juillet, qu'à peine remis en traîne, nous en levions d'autres. À cette époque bénie, nous commencions les journées de pêche ou de tournois, d'assez bonne heure, vers 8 heures, pour dès la sortie du port, nous approvisionner en « yaboys » ces grosses sardinelles dont les immenses bancs en été, frisaient l'eau à quelques encablures de la Corniche et tout autour de l'île de Gorée. Les grandes pirogues multicolores, sur zone depuis le lever du jour, en embarquaient à la senne, dans la matinée, entre une et cinq tonnes selon leur capacité de stockage. Contre quelques centaines de francs CFA, les piroguiers nous cédaient ainsi suffisamment d'appâts, que nous conservions dans des glaciers avec un peu de glace pilée, pour une grande journée de pêche. Souvent autour des pirogues, nous pouvions apercevoir, dépassant de peu la surface, les voiles ou les caudales d'espadons qui ramassaient facilement les yaboys échappés des filets. Comme disaient les marins sénégalais, les espadons voiliers étaient véritablement « en pagaille » dans les eaux de Dakar, entre la mi-juin et la fin septembre.

La première flottille de pêche sportive d'Air Afrique, construite en contreplaqué marine, sur les plans d'Hubert Charruaud et Pierre Dupuy, pionniers de la grande pêche sportive à Dakar.

Il n'était pas rare, certains jours d'avoir plus de cinquante suivis derrière trois yaboys traînés à flapper, quarante départs et avec un peu de chance et de savoir faire, d'amener trente espadons au bateau. Les doublés et même triplés, et là ce n'était pas l'idéal, car les poissons ferrés prenaient rarement la même direction, se succédaient parfois tant les voiliers étaient nombreux. Et quel spectacle pendant que nous en combattions un, moteur arrêté sur une mer d'huile, de voir quelquefois à frôler la coque de leur immense nageoire dorsale, quatre ou cinq autres poissons rassembler les sardinelles ou plus souvent les anchois en énormes boules. Tels des chiens de berger autour d'un troupeau de moutons, il y en avait toujours deux ou trois qui tournaient autour de la boule pour éviter qu'elle ne se disperse, pendant qu'à tour de rôle les autres fonçaient nonchalamment et gueule ouverte dans la masse noire et miroitante. Certaines boules faisaient plus de trois mètres de diamètre pour certainement plus d'une tonne d'anchois, et si nous repassions deux ou trois heures plus tard, quelquefois, il ne restait, toujours en boule, mais grosse cette fois comme un ballon de plage, qu'à peine 50 kg de poissonnets stressés et apeurés. Ces jours-là d'ailleurs, quand ils étaient sur les anchois, les voiliers étaient difficiles à faire mordre sur les yaboys… De petits leurres souples ou des plumes traînées, permettaient quelquefois de sauver la pêche. Sans parler des imprévoyants qui n'avaient à traîner que des Yaboys de la veille ou mal conservés des jours précédents, ce qui expliquait quelques bredouilles.

Ces années dakaroises, disons de 1975 à 1995, furent pour le BGFCF et d'autres pêcheurs européens, notamment italiens et espagnols qui participaient aux différents tournois et championnats qui en juillet-août, se succédaient dans les eaux sénégalaises, uniques dans les eaux d'Afrique de l'Ouest. Tous les étés, des dizaines et des dizaines de membres du Club, se retrouvaient là pour apprécier, bien sûr une qualité de pêche équivalente à celle des Caraïbes ou du Costa Rica, mais aussi la gentillesse et la compétence des marins sénégalais, de bons restaurants (les cigales et les carpaccios de chez Calendini), une bonne stabilité politique du pays, et des liaisons pratiques depuis Paris par Air Afrique. Pour beaucoup, nous avons fait nos classes de grande pêche sportive à Dakar… Et ce n'est pas Sacha, Barbara, Odile Robelin, Carlos, Jean-Paul Richard, Marcel Prot, Constant Guigo, Louis Gaston, Christian Bénazet et beaucoup d'autres que j'oublie, qui me démentiront. J'ai personnellement régulièrement pêché à Dakar, puis à Saly (un peu au sud) jusqu'au début des années quatre-vingt-dix, beaucoup à la mouche les dernières années, et j'ai même eu la chance sur tippet de 8 livres de prendre un record du monde homologué par l'Igfa (Sailfish atlantic le 17 septembre 1983).

Au début des années quatre-vingt, les concours à Dakar réunissaient une vingtaine d'équipes internationales. Sénégalais, Belges, Français, Italiens et Espagnols s'y affrontaient dans une ambiance sportive et festive extraordinaire.

Mais déjà les voiliers n'étaient plus aussi « en pagaille » que pendant les deux décennies précédentes. Beaucoup de piroguiers s'étaient mis à pêcher au bidon : quelques mètres de 120/100e, un hameçon eshé d'une sardinelle sous un bidon de plastique et un moteur hors bord pour suivre ensuite et embarquer le poisson fatigué de remorquer le tout. Comme la chair de l'espadon-voilier n'était pas spécialement appréciée des Européens, un marchand de poissons de Dakar avait trouvé qu'une fois fumée, sans devenir toutefois une délicatesse, cette chair se vendait bien à l'export. Je me souviens qu'on en trouvait même chez Fauchon sur la place de la Madeleine. Mais ce qui a tué la pêche sportive au Sénégal, ce ne sont pas les bidons, ni par la suite la chasse sous marine au fusil harpon, ce sont les palangriers industriels, russes, japonais, coréens qui plus au large en ciblant les thons prenaient énormément de voiliers et de coryphènes. Et puis depuis maintenant une quinzaine d'années, ce sont les navires usines européens, asiatiques, russes, bénéficiant d'accords de pêche ou non, qui prennent des milliers de tonnes de sardinelles pour en faire de la farine et des granulés pour nourrir les poissons d'aquaculture, les porcs et les volailles. Et comme si cette surpêche industrielle ne suffisait pas, dans le même temps l'État sénégalais a laissé se développer sans la réguler une pêche artisanale qui a compté autour de Dakar et sur la « petite côte » jusqu'à vingt mille grandes pirogues. Les « thiofs » poissons nobles de fond de la famille des mérous, dont les pirogues prenaient jusqu'à 5 000 tonnes par an, ne représentent aujourd'hui qu'à peine 50 tonnes. Comment s'étonner dans ces conditions, si de plus en plus de pirogues, au lieu de pêcher des poissons qui n'existent plus, embarquent des migrants pour essayer de rejoindre les îles Canaries et donc l'Europe.

Le Sénégal qui possédait avec la Mauritanie, parmi les plus riches écosystèmes marins de la planète, en terme de productivité piscicole, ne pêche plus aujourd'hui suffisamment de poissons pour nourrir sa petite population de 13 millions d'habitants. Et que dire des énormes carpes rouges, en fait Cubera snapper, de plus de trente ou quarante kilos, que nous pêchions à la ligne à main, avec comme esche une cigale ou langouste, sur des « secs » connus de quelques locaux. Là aussi, c'est fini, m'a-t-on dit. Bien sûr, il se prend encore quelques espadons-voiliers tous les étés à Dakar, mais pour ce poisson il vaut mieux se rendre au Costa Rica, au Guatemala et dans nombre d'autres pays dont les autorités ont compris l'importance du tourisme-pêche et interdit toute exploitation commerciale des poissons à rostre. Quelques gros marlins bleus ont été pris ces dernières années au large de Dakar, n'est-ce pas Jean Claude, mais il faut aller les chercher loin et je crois que déjà les « long liners » coréens et japonais s'occupent d'intercepter leurs migrations.

Pendant que Tom Gibson le maintient avec la « Lip gaff » contre la rambarde du Carolina skiff, Patrick Bermanne vient d'enlever l'hameçon cercle de la gueule de ce tarpon d'au moins 80 ou 90 kg…

Sherbro et ses tarpons géants

C'est en mars 1989, qu'avec Sacha Tolstoï, Patrick Bermanne et quelques autres membres du Club en mal d'aventures, nous avons découvert la Sierra Léone. Depuis deux ans déjà, une immense plage de Freetown, la capitale, voyait débarquer chaque semaine quelques centaines de touristes européens, pour du « sea, sex and sun ». C'est un promoteur, ami de Patrick Bermanne, qui y a construit un immense village en dur, en bord de plage. L'année précédente, le skipper grec, d'un des bateaux de ski nautique du complexe hôtelier, avait parlé à Patrick de la capture par les « indigènes » de gros tarpons autour des îles de la Banane, un peu au sud de Freetown. Patrick avait été voir et fait effectivement mordre en traînant un gros Rapala, plusieurs tarpons de belle taille, mais qui s'étaient tous décrochés après quelques sauts.

De retour à Paris, Patrick Bermanne, surtout connu au sein du Club, comme un spécialiste des thons méditerranéens, passe au Coin de Pêche, en parle à Sacha, qui en parle à Lopu, aux « Bibiches » et à quelques autres membres du Club, dont votre serviteur. Comme il n'y a pas en dehors de Freetown, de possibilités d'hébergement en Sierra Leone, nos amis décident d'affréter le Tokey Queen, un petit cargo de croisière, basé au Sénégal. Et dès le début mars 1989, nous voilà partis pour les îles de la Banane, où nous ne resterons que deux jours, car en regardant les cartes marines, Patrick en bon capitaine hauturier, a repéré, à une centaine de km plus au Sud, un énorme estuaire qui borde la grande île de Sherbro. Une demi-journée de navigation et en fin d'après midi, nous mouillons devant Mania, tout petit village de l'île. Les deux Boston Whaler, que nous avons remorqués, nous permettent de passer facilement la barre, car avant d'engager le Tokey Queen dans l'estuaire, Patrick ne faisant qu'une confiance relative aux cartes marines africaines, veut être sûr des profondeurs à marée basse. Nous en profitons pour rendre visite au chef du Village, offrir quelques « petits cadeau », du pain et des cigarettes. Durant ces palabres, je me promène entre les cases et devant l'une d'elles, je découvre un tas de grandes écailles que je connais bien, mais dont la taille fait bien le double en diamètre des plus grosses que j'aie jamais vues en Floride. J'en ramasse deux, les mets dans ma poche, et le soir, de retour à bord du Tokey Queen, quand je les montre à Billy Pate et Tom Gibson que j'avais décidé à nous accompagner, ils n'en croient pas leurs yeux… Tom, qui a pris des milliers de tarpons, dont certains de plus de 90 kg au Gabon, nous dit que ces écailles appartenaient à un poisson pesant largement plus de 120 kilos… Bigre !

Je passe une nuit agitée, entouré de tarpons qui roulent tout autour de ma couchette. Au petit matin, je suis le premier sur le pont, et cette fois, non je ne rêve pas, je vois cette fois très distinctement, un, puis deux, puis dix tarpons qui me paraissent énormes, marsouiner très lentement à une trentaine de mètres du Tokey Queen. En même temps qu'ils se laissent porter par le flot montant, des dizaines de sternes criaillent et piquent au-dessus d'eux dans les vagues. Deux pirogues sont sur zone et déjà, un des bidons qui sert de flotteur à leurs palangres, fait du surf en surface. Un tarpon que j'estime autour de cent kilos, s'élance hors de l'eau et remonte contre le flot vers la barre. Les piroguiers le suivent, mais sans chercher pour l'instant à embarquer le bidon. Sur le pont les autres pêcheurs sortent des cabines… Le petit-déjeuner est rapidement avalé et nous embarquons dans les deux Boston. Sacha, Tom et Lopu partent avec Patrick tandis qu'avec Billy et les Bibiches, nous avons choisi Ossé, un pêcheur des îles de la Banane, pour nous guider. Sur toute la largeur de l'estuaire, nous voyons rouler de petits groupes de tarpons. Nous coupons le moteur hors bord, un vieux Johnson de 80 CV et nous laissons dériver avec le flot qui pousse fort maintenant vers l'amont de la rivière.

Ce ne seraient les palmiers sur le rivage et cette odeur envoûtante de forêt en décomposition qui me rappelle la grande serre du Jardin des Plantes, j'aurais l'impression de pêcher la truite à la nymphe

Encore un tarpon approchant les 100 kg, pris à Sherbro par Jed Fleming, le coéquipier de Tom Gibson.

dans la Loue gonflée par une crue d'orage. Le premier tarpon a roulé en surface à moins de dix mètres du Boston, exactement comme une belle fario qui vient prendre dans la pellicule de l'eau une émergente d'éphémère. Mon grand streamer est tombé pile dans l'axe de sa nage à environ trois mètres au-devant de lui. Je le récupère par tirées saccadées de la soie, vingt centimètres par vingt centimètres et sais qu'ainsi il vibre et vit de toutes ses plumes, imitant un petit poisson ou une crevette qui essaierait de lutter contre le formidable courant de marée qui envahit l'estuaire de la Sherbro River. Dans les eaux mélangées, couleur de thé foncé, il m'a semblé apercevoir l'éclair atténué d'un flash, environ un mètre sous la surface. Quand il a repéré l'intruse, le gigantesque tarpon, d'un brusque mouvement de la caudale, a viré de bord, et ses flancs sous l'eau un instant accroché les rayons rasants du soleil qui se lève au-dessus de la lagune. Il doit se trouver maintenant exactement dans le sillage de la mouche que chaque tirée rapproche un peu plus du bateau. J'accélère la récupération exactement comme je le ferais à la truite pour déclencher un réflexe d'attaque avec un poisson qui suit. La réaction est immédiate : une gueule béante vient crever la surface à cinq ou six mètres à peine de la pointe de ma canne, et engouffre au moins 50 litres d'eau saumâtre en même temps que mon grand streamer. J'ai distinctement vu les mâchoires se refermer hermétiquement et horreur je sais que mon « shock tippet » de 30 bons centimètres de nylon 120/100e, intercalé devant la mouche pour résister à l'abrasion de la gueule sans dent, mais rugueuse comme du béton brut décoffré, a été sur la lancée du poisson, aspiré profondément avec en prime une bonne moitié du bas de ligne. Je ferre néanmoins, en espérant une fois n'est pas coutume, car cette éventualité est la hantise d'un pêcheur de tarpon à la mouche, que la pointe de l'hameçon va déraper sur les plaques osseuses qui tapissent le palais et l'intérieur des joues, pour peut-être venir se piquer sur le rebord des maxillaires. Mais non, la mouche, profondément engamée a dû crocher un arc branchial et s'y arrimer solidement. Dès qu'il a ressenti le fer de l'hameçon, tel un gigantesque lingot d'argent en fusion, le tarpon s'est catapulté au-dessus des vagues. Dans un fracas de tonnerre, la formidable masse musculaire caparaçonnée d'écailles qui est restée un instant comme suspendue entre mer et ciel, est retombée en soulevant des gerbes d'écumes, à moins de trois

Peu de skippers ont amené au bateau d'aussi gros tarpons que Patrick Bermanne pendant les cinq ou six saisons qu'il géra le campement de Mania sur l'île de Sherbro.

mètres de notre petite embarcation. Il y a maintenant au moins trente litres d'eau dans le fond de la barque, nous sommes trempés des pieds à la tête et je comprends mieux pourquoi les pêcheurs de tarpons à la mouche sont en Floride assimilés à des drogués (tarpon addicts) que seuls la capture ou plutôt le ferrage d'un nouveau tarpon pourra apaiser. Ferrez un tarpon à la mouche et c'est vous qui serez irrémédiablement « accroché » et contaminé.

Le deuxième bond, tout en long, de mon tarpon l'éloigne heureusement de notre esquif. À environ trente mètres maintenant, filant droit en direction de la barre, dont on aperçoit les rouleaux menaçants à environ 200 mètres, il godille en surface, le lobe supérieur de sa caudale fendant l'eau, entraînant ma ligne qui se déroule comme jamais auparavant. Je suis étonné que le tippet qui frotte sur ses mâchoires ait tenu le coup jusque-là. Ossé notre « skipper » s'escrime à essayer de relancer le vieux Johnson, qu'il m'avait pourtant conseillé de maintenir au point mort pendant que nous pêchions en dérive. Mais cet estuaire ressemblait trop à une rivière à truite et quand je pêche à la mouche, tout bruit qui ne fait pas partie du décor m'insupporte. Et puis pour dire la vérité, je ne pensais pas aussi rapidement faire mordre un de ces bestiaux sur un de mes trucs en plumes. Pendant qu'Ossé se bat avec le moteur, la traction du tarpon maintient la barque sur place, malgré un très fort courant de marée d'au moins quatre ou cinq nœuds. À l'étale, nous surferions dans le sillage de ce poisson. Impuissant, je ne peux que regarder diminuer inexorablement la réserve de « backing » sur la bobine de mon Seamaster. Mes deux cent cinquante mètres de fil en réserve derrière la soie, sont pratiquement totalement dévidés, le tarpon est maintenant dans les vagues de la barre, je serre encore un peu la molette du frein réglée à 12 livres, et je manque tomber à la renverse quand mon tippet rend l'âme, là-bas à plus de 300 mètres. Ce tarpon que nous avons pu détailler dans toute sa démesure, quand un instant immobile, comme suspendu au dessus l'horizon, il a failli retomber dans le bateau m'a paru au moins une fois et demi plus gros que celui que Billy Pate a accroché au-dessus du bar de sa maison d'Islamorada. Empaillé ou plus exactement taxidermisé de façon complètement hyperréaliste dans une résine synthétique par la maison Pfluger de Miami, ce tarpon qui semble jaillir du mur en trompe-l'œil du salon dans un bond immobile, est pourtant le record du monde de l'espèce et certainement le poisson trophée pris à la mouche le plus convoité par les membres distingués et richissimes pour la plupart de l'IGFA (une bonne centaine de givrés tous américains., qui dépensent un temps et une énergie considérables dans la pêche de ces poissons immangeables…). Le tarpon de Billy, capturé en Floride en 1981 accusait sur la balance le poids déjà phénoménal de 188 livres. Celui que j'ai tenu environ trois minutes au bout de ma ligne, faisait au minimum 250 livres, peut être plus. Nous ne pouvions avoir démonstration plus éclatante ni plus rapide que les tarpons de ce coin perdu de Sierra Leone comptent bien dans leurs rangs les géants de l'espèce, les Big Mamoo comme on les appelle dans les Keys. À côté de moi, Billy Pate, avait lui aussi lors du premier saut, vu que ce poisson éclipsait et de loin les plus gros des quelque 4 000 tarpons qu'il a fait sauter depuis trente ans qu'il consacre en moyenne 100 à 120 jours par an à poursuivre ces poissons avec une canne à mouche.

Au cours des cinq jours suivants nous aurons Billy et moi, 32 touches à la mouche de poissons vus (au moins un saut au ferrage) et dépassant tous les 150 ou 180 livres. Au moins dix de ces tarpons étaient et de loin de nouveaux records du monde. Et trois d'entre eux, dont le mien, dépassaient allègrement les 250, peut-être même les 300 livres. Billy tiendra un de ces « big Mammoo » pendant plus de trois heures avant qu'il ne casse le tippet de 20 livres dans les rouleaux de la barre.

De leur côté Tom Gibson et Sacha, qui pêchaient à dériver avec de gros mulets sur le deuxième Boston Whaler, skippé par Patrick, enregistrèrent 65 touches et amenèrent au bateau un total impressionnant de 61 poissons pesant tous, sauf un plus, de 150 livres. Tom battit trois fois dans la semaine le record du monde sur ligne de 80, avec des poissons pesant successivement 102, 106 et 110 kg. Exception faite de ces trois poissons sacrifiés pour la pesée, et de quelques autres offerts aux habitants des villages voisins, tous les tarpons furent relâchés.

Cette première saison à Sherbro fut, et de loin, la meilleure pour Billy et moi qui n'avons pêché qu'à la mouche. Pour une raison que nous n'avons pas élucidée, durant toute cette semaine, les tarpons marsouinaient activement en surface, en se laissant dériver avec le flot montant. Il nous était facile de les approcher, moteur au ralenti, ce qui ne semblait pas les effrayer, et de lancer nos mouches à vue, sur des poissons bien identifiés. Les quatre saisons suivantes, avant qu'en 1993, la guerre civile qui faisait rage dans les régions diamantifères du Liberia et de Sierra Leone, n'atteigne aussi Sherbro et nous oblige à plier définitivement bagage, les quatre saisons suivantes donc, les tarpons toujours bien présents dans l'estuaire, ne se manifestaient plus autant en surface, et à la mouche, il nous fallait pêcher en « aveugle » à mi-eau avec des soies plongeantes, ce qui est beaucoup moins agréable que la pêche en surface. En pêche conventionnelle, avec des mulets ou des bongas montés sur hameçons cercles, Sacha, Tom, les Bibiches, Lopu, Marcel Prot, Barbara et bien d'autres membres du Club, qui de 1990 à 1993 revenaient tous les printemps à Sherbro, continuèrent à prendre des tarpons records, dans toutes les classes de ligne. Ce que témoigne le livre des records de l'Igfa. Dès 1991, le Tokey Queen ne suffisant plus pour l'hébergement de pêcheurs de plus en plus nombreux, les Bibiches, Lopu et Patrick Bermanne, avaient investi dans un camp en dur, construit à trois cent mètres en aval de la barre et surtout dans six « Carolina skiffs » avec moteur Yamaha de 50 CV, pouvant embarquer deux à trois pêcheurs chacun. Les piroguiers de Mania étaient embauchés comme skippers et tout alla pour le mieux, pendant encore deux saisons, dans la plus fabuleuse pêche aux tarpons géants, où que ce soit dans le monde. Oui, mais nous étions en Afrique et dès 1993, les Carolina Skiffs furent réquisitionnés par les militaires avant que les rebelles venus du Libéria voisin, n'envahissent l'île de Sherbro, ne détruisent le campement, et tuent la plupart des villageois de Mania. La paix revenue, dix ans plus tard, des palangriers venus de Freetown, qui avaient récupéré les deux mille hameçons cercles du camp et les kilomètres de nylon 150/100e entreposés dans les cantines, exterminèrent en moins de cinq ans, l'entière population de tarpons de l'estuaire de la Sherbro River.

Il ne nous reste plus que les fabuleux films de Gérard Aulong, des centaines de photos souvenirs et les records qu'un grand nombre de membres du Club, inscrivirent dans le « Record Book » de l'Igfa. Ceux de Daniel Lopuszanski et des Delaunay, sur ligne de 12, 16 et 20 lbs tiennent toujours, sans parl^{er} du record « toutes catégories » égalé par Pierre Clostermann, la dernière année en 1993, sur fil de trente livres, avec un fabuleux tarpon de 271 livres soit 123 kg. Notre Président d'honneur avait à l'époque 72 ans.

Aux Canaries, les alizés soufflent une grande partie de l'année et sont particulièrement forts dans le détroit qui sépare la grande île volcanique de Lanzarote de la Graciosa.

Îles canaries… Un secret bien gardé…

Voilà certainement la destination « tout gros » et européenne de surcroît, la mieux préservée. Et comme pour les îles du Cap Vert, de Madère ou des Açores, il ne s'agit pas d'une destination qui fut bonne autrefois comme beaucoup… mais qui est toujours d'actualité. Peut-être même la grande pêche sportive, n'y a-t-elle jamais été aussi bonne que depuis trois ou quatre ans. Les saisons 2014 et 2015 pour le marlin bleu autour de la Gomera, de Grand Canaria et même de Lanzarote, ont été exceptionnelles. A la Gomera où de mai à septembre opèrent une demi-douzaine de charters seulement, des captures de quatre à cinq marlins d'un poids moyen de 250 kg, sur une dizaine de départs ne sont pas rares. Et de temps à autre sont ferrés des poissons de plus de mille livres. Mon ami José Luis Beistegui, dont le très beau bateau Arin est basé à Lanzarote, mais qui pêche « en dilettante » deux ou trois semaines par an autour de la Gomera ou de Graciosa, y a marqué deux « granders » ces dernières années.

Les îles Canaries qui appartiennent ou plutôt qui font partie de L'Espagne, sont situées à quelque 150 km à l'ouest du Maroc et à plus de 1 000 km du sud de la péninsule ibérique. L'archipel fait partie d'un ensemble géographique regroupant les îles volcaniques des Canaries, de Madère, l'archipel des Açores et les îles du Cap Vert. Ces toutes dernières années des marquages satellitaires de marlins bleus ont montré que ces poissons, au cours de leurs pérégrinations océaniques, visitaient successivement tous ces archipels volcaniques surgis du fond de l'Atlantique avant de disparaître dans le golfe de Guinée, au large du Ghana et de la Côte d'Ivoire.

Pour les marlins bleus et blancs, comme pour les thons (bluefins, big eye, germons, et même yellowfins) les îles Canaries sont des lieux de passage que les poissons « visitent » en allant d'une île à l'autre où ils séjournent quelques jours à quelques semaines en fonction de l'abondance des poissons fourrages (sardines, maquereaux, bonites, calmars…). Les marlins bleus y sont présents de mai au début novembre, les germons (le record sportif Igfa de 40 kg a été pris aux Canaries), les big eye (dit encore thons obèses) y sont présents toute l'année et depuis que leurs populations se reconstituent en Méditerranée et dans l'Atlantique Est, les thons rouges (Bluefin tuna), depuis ces dernières années y font un retour en force en mars avril. Leur pêche avec un quota très surveillé par l'Europe est réservée aux professionnels, mais cette année par exemple plusieurs charters qui pêchaient à la traîne aux leurres en ont pris et relâchés dans la catégorie 200 à 300 kg… Rappelons ici que le record du thon rouge sur ligne de 50 livres, de presque 900 livres (407 kg) fut pris au large de la Grande Canarie en mars 1977 par Charles Chtivelman, pêcheur belge qui je crois à l'époque était membre du Club. Ce record qui aura bientôt quarante ans, risque d'être battu un de ces prochains jours dans les eaux de Nouvelle Écosse ou du delta du Saint Laurent, où les thons de plus de 900 livres sont de nouveau abondants et activement pêchés sportivement par de très bons équipages. Le record de Gran Canaria fut pris au-dessus de fonds excédant les mille mètres avec une eau de température autour de 20 °C, ce qui est une autre paire de manches, que capturer un poisson du même poids dans des fonds n'excédant jamais, au Canada 40 mètres et dans une eau froide de 7 à 8 °C en moyenne.

Ce gigantesque marlin bleu a été pris et relâché en 2013 au large de la Gomera… probablement la meilleure des îles des Canaries pour les grands marlins.

Comme à Madère ou au Cap Vert, la pêche des marlins bleus aux Canaries se pratique en traîne rapide aux leurres.

Dakhla…
dans le grand sud marocain

Au début des années quatre-vingt, quelques années après sa fameuse « Marche verte » pour reconquérir l'ancien Sahara espagnol, et pour bien prouver qu'il avait les choses en main, Hassan II, demanda à son ministre du Tourisme d'inviter une vingtaine de journalistes halieutiques européens, à venir pêcher la courbine à Dakhla, l'ancienne Villa Cisnéros de l'aéropostale. Pour être bien reçus, nous fûmes bien reçus. Départ de Paris, escale à Casa où le ministre nous reçut et le lendemain départ pour le grand Sud marocain avec escale à El Ayoun, où sur une piste secondaire, plusieurs Mirages, faisaient chauffer leurs réacteurs, au cas où le front Polisario, joue les trouble fêtes. Arrivée sur le petit aéroport de Dakhla, nous fûmes accueillis par le colonel dirigeant la base militaire et accompagnés sous escorte militaire, jusqu'au seul hôtel de la ville, qui n'avait pas dû voir le moindre touriste depuis au moins dix ans. Je me souviens que dans la chambre fort propre par ailleurs, que je partageais avec Sacha Tolstoï, quand on ouvrait le robinet de la baignoire, c'était non pas de l'eau, mais du sable qui coulait en mince filet.

Le soir sous une immense tente marabout, le colonel nous offrit, assis sur des tapis, un couscous royal où un énorme mérou, remplaçait le mouton. Le tout accompagné d'excellents vins marocains. À l'extérieur, deux jeeps avec mitrailleuses et leurs serveurs, montaient la garde. Je me souviens que les journalistes allemands, anglais, italiens et hollandais, n'étaient pas si tranquilles que ça et n'apprécièrent sûrement pas le couscous, ni tous les plats qui précédèrent et suivirent à leur juste valeur.

Nous étions les seuls avec Sacha Tolstoï et Victor Borlandelli, à savoir à quoi ressemblait une courbine, et surtout comment pêcher sportivement ce poisson. Comme depuis plusieurs années déjà, nous étions des habitués de Nouadhibou, situé à seulement 200 km plus au Sud, nous avions amené avec

Il ne fait pas chaud la nuit dans le Sahara. Daniel Lopuszanski, Sacha Tolstoï et Jean Pierre Cochain attendent la touche des courbines.

nous un matériel adéquat pour pêcher en « surf casting ». La plupart des autres journalistes, n'avaient que des cannes de traîne, ou des cannes à lancer ou encore de type « bateau à soutenir », bien trop courtes pour lancer efficacement depuis une plage. Mais surtout, grâce à ma carte de vétérinaire, j'avais juste avant notre départ, fait un petit détour, tôt un matin, par Rungis pour nous approvisionner d'une dizaine de kilos de calamars, que j'avais congelés et soigneusement emballés dans des morceaux de couvertures de survie, dites encore de l'espace. Comme nous nous en doutions, il n'y avait pas la trace d'un appât sur place et dans le port, d'où les bateaux de pêche espagnols avaient disparu depuis longtemps. Seuls quelques mulets se faufilaient entre les frégates militaires.

Le premier matin, le colonel nous proposa d'accompagner un groupe de pêcheurs journalistes au PK 41 (point kilométrique 41), situé un peu au nord, au pied de gigantesques falaises. En dépit de nos appâts frais, nous n'eûmes pas la moindre touche de courbine et seul Victor captura une grande raie guitare, qui fit crépiter les Nikon et autres Minolta, de nos amis journalistes étrangers. Après deux autres journées sans courbines, mais heureusement, riches en bars mouchetés pêchés à la mitraillette, au lancer depuis les splendides plages du grand Sud marocain, je demandais à notre ami et membre du Club, Jean Pierre Cochain, chirurgien à Casa, qui nous avait accompagnés, de voir si le colonel pourrait nous autoriser, sous bonne escorte bien sûr, à pêcher de nuit, quand les courbines se rapprochent du bord. Responsable de notre sécurité, le colonel n'était pas chaud, mais nous fîmes valoir qu'un séjour de pêche à la courbine sans courbine, ce n'était pas très bon pour promouvoir le tourisme pêche au Maroc. Face à cet argument, il accepta et comme il était pêcheur, il nous accompagna, sous bonne garde à quatre ou cinq kilomètres seulement de la tente où nos amis journalistes se racontaient autour d'un bon dîner, leurs pêches de sars et de bars mouchetés. Le début de la nuit fut calme et je commençais à me demander, si nous n'aurions pas dû, nous aussi, profiter de l'hospitalité culinaire de nos hôtes, au lieu de manger dans le froid nos barres de céréales. Enfin vers minuit, une première canne salua, aussitôt suivies par trois autres que nous avions plantées dans le sable. Les courbines passaient à toucher terre, sans doute attirées par l'odeur des calamars et les lumières froides des cyalumes que nous avions accrochés à nos émerillons.

Le lendemain matin, nos amis journalistes posent à tour de rôle avec les courbines que nous avions pris dans la nuit.

À deux heures du matin, la fête était terminée, mais nous avions quatre grandes courbines, pesant entre 30 et 40 kg, à ramener à l'hôtel. Par radio, le colonel avait prévenu de notre retour son aide de camp et alors que les autres journalistes étaient rentrés à l'hôtel, nous eûmes, et cette fois, nous trouvâmes cela mérité, un autre aperçu de l'hospitalité marocaine et de la fabuleuse cuisine qui va avec. Le lendemain dans le patio de l'hôtel, à tour de rôle, tous les journalistes posèrent avec nos grandes cannes et moulinets et surtout nos courbines pour la gloire et la postérité du tourisme pêche dans le grand Sud marocain. Mais comme à Nouadhibou, la pêche sportive à Dakhla, n'allait pas durer bien longtemps et seuls quelques voyagistes purent envoyer des clients avant que le Polisario ne fasse de nouveau parler d'indépendance et surtout que là encore, une pêche industrielle au chalut ne vienne capturer les dernières courbines.

Campement de fortune, surtout pour nous abriter du vent, au pied de la petite falaise du Cap Blanc. C'est à partir de là que pendant trois jours et quatre nuits, avec Alberts Drachkovitch nous traquerons liches durant la journée et courbines la nuit.

Nouadhibou, la baie de l'étoile et le cap blanc…

Les grandes cannes sont plantées dans le sable à côté du petit Zodiac qui nous a permis de traverser la Baie de l'Étoile. Il est 17 heures et Adama le chef des guides, vient de nous déposer sur le sable encore brûlant. Espadrilles de rigueur et pantalon long pour se protéger du sable fouetté par le vent… Je me souviens que Victor Borlandelli, le photographe baroudeur de *La Pêche et les poissons*, toujours en short, pouvait rester la journée entière en plein cagna, les cuisses et les mollets criblés par les grains de sable du Sahara. C'était un habitué de Nouadhibou et je ne sais combien de « unes » de magazine, il a réalisé avec des courbines géantes, comme on appelait les maigres sur les immenses plages du Sahara. Il savait mettre en scène Adama dans sa tunique d'Homme bleu du désert et le faire entrer dans les vagues pour le gaffage de ces grands poissons. Quand on pêchait ainsi, aux appâts naturels, la canne plantée dans le sable, il ne fallait pas attendre longtemps pour que les scions plient et si sur une des deux cannes réservée au « tout-venant », on avait monté deux ou trois clipots portant les bas-de-ligne eschés d'un petit bout d'encornet ou d'une fleurette de maquereau, c'était vraiment la « touche minute ». À l'autre bout, sars, bars mouchetés, daurades, petits mérous, raies, se disputaient les esches. Pour les courbines il fallait attendre le passage d'une petite troupe, qui généralement au coucher du soleil, longeait le rivage de la Baie dans le sens inverse des aiguilles d'une montre. Et alors les grandes et fortes cannes saluaient sous les démarrages des poissons qui s'auto-ferraient, les freins des Mitchell 498 chantaient crescendo et quand nous étions plusieurs pêcheurs espacés d'une cinquantaine de mètres, pour ne pas emmêler les lignes, on pouvait être sûr, que dans les secondes qui suivaient ce premier départ, les cannes des copains allaient plier à leur tour.

Les courbines étaient gardées bien à l'abri des rayons du soleil, sous des couvertures de survie et offertes aux guides qui les ramenaient à leur famille. Leur poids moyen était d'une bonne trentaine de kilos et ces protéines faisaient des heureux dans les villages. Au campement en dur d'Air Afrique, une fois pris la douche rustique sous un sceau d'eau perforé, nous attendait des menus somptueux, de langoustes, bars ou petits mérous grillés. Il suffisait d'une heure, à bord du petit Zodiac, pour en palangrotte, ligne tenue à la main, ou avec une petite canne « bateau », prendre devant le camp, sur quelques coins de roche connus des guides, dans moins de dix mètres de fond, suffisamment de petits mérous et sars, pour rassasier la douzaine de pêcheurs que nous étions. Quand on en avait assez des mérous et des sars, il suffisait d'observer les chasses des sternes et de lancer 4 ou 5 plumes à moins de cinquante mètres du bord, pour ramener autant de petits bars mouchetés, d'un poids moyen de 300 g, qu'il y avait de plumes. Pour ma part et je dois être le premier à y avoir pratiqué la mouche, c'est avec une des premières Fenwick en fibre de carbone, qu'en entrant un peu dans les vagues, je lançais quand le vent était bien placé, une mouche imitant une petite sardine. De temps à autre un bar moucheté un peu plus gros, jusqu'à trois livres, faisait plier la canne à truite et chanter le cliquet du moulinet.

Et puis il y avait les liches, qui la plupart du temps, prenaient un mulet ou un gros bras de poulpe destinés aux Courbines, et là c'était du sport. Beaucoup quand elles dépassaient le poids de vingt kilos, vidaient les grosses bobines de 45 ou 50/100e, avant qu'Adama eut pu embarquer le pêcheur, dans le petit Zodiac, pour essayer de les suivre. Mais dès mon deuxième séjour, ce devait être en 1976 ou 77, je ne sais comment avec Albert Drachkovitch, nous avions entendu parler du Cap Blanc et des liches monstrueuses qui chassaient les mulets en bas de la petite falaise, surmontée par l'énorme phare qui marquait le Banc d'Arguin. C'est là que la frégate « La méduse » s'était échouée un petit siècle auparavant, et là que par la suite les langoustiers de Douarnenez, si je me souviens bien, venaient tous les ans, placer leurs casiers, sur le haut-fond du banc. Le vieux gardien du phare (qui n'avait en fait qu'une quarantaine d'années, mais dont le visage buriné par le soleil et les embruns, en paraissait le double) nous avait autorisés à feuilleter le grand livre relié de toile noire, qui depuis 1890 jusqu'en 1960, relatait les événements, les joies et les peines de ces pêcheurs bretons, qui revenaient tous les ans, pour les trois mois de la saison de la langouste. Écrits à la plume sergent-major et à l'encre violette, avec pleins et déliés, comme on ne sait plus les faire, du capitaine au mousse, tous racontaient leurs joies, leurs peines, les tempêtes, les échouages et bien sûr les tonnes de langoustes, gardées vivantes dans les immenses viviers.

Il avait fallu parlementer avec Jean Marc, et lui signer, je m'en souviens, une décharge, pour qu'il nous autorise (le front Polisario commençait à faire parler de lui) à passer trois jours et deux nuits au Cap Blanc, situé à travers les dunes, à une petite heure de Land Rover du Camp de la Baie de l'Étoile. Adama nous avait accompagné et avait monté deux grandes bâches de toile cirée jaune pour nous abriter du vent, faire chauffer le thé à la menthe et dormir un peu avant le lever du jour. La nuit nous pêchions les courbines, qui dans l'océan étaient beaucoup plus grosses que dans la Baie et dès le lever du jour, nous troquions les grandes cannes de surf, pour de puissantes cannes à lancer et ainsi pratiquer du vrai « surf casting » aux leurres. Sur les immenses plages de Mauritanie, les liches viennent à marée montante chasser les mulets à ras du rivage. C'est un spectacle inoubliable que celui d'une grande liche qui attaque en surface en faisant claquer ses formidables mâchoires, un leurre de type « plug ou Stripper Striker ». Les liches qui appartiennent à la famille des carangidés sont parmi les poissons les plus puissants des océans et après le ferrage s'engageait alors, un combat loyal, puisque depuis la plage, sans l'aide d'aucune embarcation, il fallait arriver à stopper la fuite éperdue du poisson vers le large et ensuite le ramener jusqu'à nous.

Au pied de la petite falaise du Cap Blanc, le jour se lève, les liches vont bientôt chasser dans les bancs de mulets.

Heureusement nos gros Mitchell 498 contenaient 250 mètres de 50/100 neuf, mais deux fois, il nous fut impossible de stopper des liches de plus de 40 kg qui avaient décidé de partir voir les côtes du Massachussets. Je garde de ces trois journées passées au Cap Blanc, parmi mes plus beaux souvenirs de pêche-expédition. Voir au lever du jour, dans la transparence des grandes vagues qui déferlent, comme en ombres chinoises, trois ou quatre liches poursuivre les mulets est un spectacle inoubliable. Les grands plugs américains destinés aux bars rayés, que j'avais ramenés de Montauk, firent merveille. Ramenés par à coups, sur la crête des vagues, ils étaient poursuivis et attaqués rageusement, avec la même hargne et voracité que les carangues « trevally » de l'Indo-Pacifique. Devant nous l'immensité de l'Atlantique, derrière nous l'immensité du Sahara et entre les deux : une canne pliée à rompre et un moulinet qui chante, que demander de plus… La nuit, nous changions de registre et pêchions les courbines, qui venaient elles aussi à « toucher terre » pour y chasser dans les dernières vagues. Comme appâts, une grosse lanière découpée dans le corps d'une seiche ou d'un calamar, la tête et les tentacules de ces mêmes bestioles, ou un bras de poulpe étaient des esches inégalables, à condition qu'ils soient frais. Avec Albert Drachkovitch, nous avions pu, alors qu'il faisait plus de cinquante degrés en plein soleil sur la plage du Cap Blanc, conserver dans toute leur fraîcheur pendant ces trois jours, des calmars congelés que nous avions achetés à Rungis, simplement en les enveloppant dans des morceaux de couverture de survie et en les enterrant sous quarante cm de sable. Nous déterrions, tous les soirs, un ou deux calmars pour les besoins de la nuit. Pour les courbines, un demi-mulet, une sardinelle ou un chinchard, peuvent également servir d'appât, mais sont loin de valoir la seiche ou l'encornet, et ceci est aussi vrai sur les plages du Maroc, de Mauritanie, qu'autrefois à la barre de l'Adour ou sur les plages landaises. L'adjonction d'un « cyalume » à un mètre de l'appât, accroché sur le plomb ou sur l'émerillon, augmente grandement les chances de capture. De même dans la nuit, une petite « cyalumette » scotchée sur le scion, permet tout en restant auprès d'un feu de bois (c'est fou ce qu'il peut faire froid la nuit dans le désert), de surveiller les cannes à distance. Comme hameçons, des grands Mustad étamés et renversés, en proportion des appâts employés, un 5 ou 6/0 pour une tête de calamar, deux 3 ou 4/0 montés en tandem pour une grande lanière d'encornet. Avec un mulet vivant, un grand simple piqué dans les deux lèvres épaisses et un fort triple 3 ou 4/0 derrière la dorsale, constituent le meilleur armement.

Je me souviens, que le dernier soir, au coucher du soleil, alors qu'avec Albert, nous attendions les courbines, cannes plantées dans le sable tous les trente mètres, c'est une liche de 37 kg qui avala le mulet d'une livre qui nageait au bout de la canne la plus éloignée. Sur la violence de la touche et du rush qui lui fit suite, la grande canne et son support pique furent arrachés du sable et entraînés vers l'océan. Je piquais certainement le 60 mètres le plus rapide de ma carrière, pour récupérer la canne sous un bon demi-mètre d'eau, alors qu'elle filait droit vers les côtes américaines. Mon Mitchell 498 qui avait servi en quelque sorte d'ancre sur plus de vingt mètres dans le sable, couinait et ne laissait plus partir le 50/100 que par à coups. De la main gauche, en un quart de secondes je débloquais le gros écrou de commande du frein, en même temps que je rinçais le gros moulinet dans la vague en débobinant en marche arrière. Après trois tours de manivelle à rebours et quelques crissements, le frein se remit à fonctionner normalement et je pus relever la canne pour obliger la bête à obliquer sa course. Je ne crois pas que beaucoup de moulinets se seraient remis d'un tel traitement, et encore moins auraient permis la capture du poisson. Le Mitchell 498 et son frère jumeau le 496, me font un peu penser avec leurs grosses cloches et bobines, aux Kalachnikoff « à camembert » qui permirent aux soldats russes de reconquérir Stalingrad. Quand la boue ou le gel, et bien souvent les deux à la fois, enrayaient le tir, un tour de « camembert » à l'envers et ça repartait. Nous voilà bien loin du Cap Blanc et de la pêche de la liche, direz-vous, mais alors qu'aujourd'hui les fabricants japonais offrent à notre convoitise des modèles de plus en plus sophistiqués avec frein hyper progressif (en magasin), il n'est pas inutile de rappeler qu'un moulinet de surf est avant tout fait pour travailler souvent en force et quelquefois dans le sable, de formidables adversaires. Simplicité et robustesse sont alors les meilleurs gages de fiabilité d'un tambour fixe.

Pour la courbine, le secret de la réussite réside uniquement dans la longueur de nylon dont on dispose pour mener à bien l'action. Pour avoir pris sur les plages de Nouadhibou, du Cap Blanc et plus tard de Dharkla plusieurs poissons de cette espèce, de plus de quarante kilos, sur du 40/100 avec un moulinet tournant (Abu 7000) ou un Mitchell 496, il suffit une fois que le poisson se trouve à plus de soixante mètres de vous, de jouer sur l'élasticité de la ligne, pour incliner tout d'abord sa fuite vers le rivage, l'obliger ainsi assez facilement à tourner et commencer à pomper énergiquement. La durée de la bagarre dépend uniquement de la taille de la bête, et éventuellement de la présence de courants côtiers, sur lesquels elle s'appuiera. La courbine est un poisson lourd et peu mobile et si vous lui opposez une tactique offensive de déplacements continus sur la plage, d'inclinaison de la canne, et de pompages en souplesse, vous en viendrez rapidement à bout, ferait-elle plus de 50 kg. C'est d'ailleurs cette piètre résistance pour un poisson de cette taille, qui explique qu'avant-guerre, déjà, d'aussi grands poissons aient été pris depuis les plages ou les digues landaises ou vendéennes, sur le matériel « sportif » de l'époque, très éloigné du point de vue performance de celui dont nous disposons aujourd'hui. Le principal risque de perdre le poisson, réside en fin de bagarre, quand la bannière est réduite à quelques mètres seulement et l'angle que fait la ligne avec la tête de scion très fermé, non pas dans le poisson lui-même, qui arrive généralement le ventre en l'air, mais dans la vague de reflux qui si vous n'avez pas à ce moment desserré le frein, risque fort soit de déchirer la gueule du poisson, soit de casser le fil sous la pression du flot. Le mieux étant pour les poissons peu rapides comme la courbine, de travailler en fin de bagarre, sur un frein très serré, sans jamais enclencher l'anti-retour et de démouliner à la demande, ce que pas un pêcheur sur cent ne sait faire aujourd'hui…

La liche amie, facilement reconnaissable à sa ligne latérale bien marquée et très incurvée, est avec la carangue ignobilis, le plus grand des carangidés.

Il faut alors savoir attendre la vague porteuse, qui déposera la magnifique bête à vos pieds, et vous n'aurez plus alors avec une main, gantée si possible et passée sous les opercules, qu'à la traîner au sec. Certains préfèrent la gaffe, qui de mon point de vue, dans le noir, est souvent le meilleur moyen de crocher son fil ou celui du copain.

Alors que les maigres (même poisson que la courbine africaine) refont depuis une quinzaine d'années, une timide réapparition sur nos côtes entre Bayonne et Royan, la pêche sportive des grandes courbines mauritaniennes comme marocaines d'ailleurs, s'est arrêtée faute de combattants. À partir du milieu des années quatre-vingt et tout au long des deux décennies qui suivirent, la surpêche industrielle a anéanti les ressources en poissons de pratiquement toutes les côtes d'Afrique de l'Ouest, depuis le Maroc jusqu'au Sénégal. Les eaux mauritaniennes, considérées à l'époque avec celles du Pérou, comme les plus riches de la planète, sont aujourd'hui un désert. Leur richesse était due à leur faible profondeur, à leur richesse en nutrients (les fameux phosphates de Mauritanie) et à la photosynthèse, tous facteurs responsables de l'abondance du phyto et zooplancton, base de la chaîne alimentaire dont la pyramide, aboutissait à son sommet aux grands prédateurs côtiers comme les liches et les courbines, qui à leur tour, nous attiraient en ces lieux bénis.

La principale biomasse piscicole de la Mauritanie consistait dans les gigantesques bancs de sardinelles, sorte de grosses sardines planctonophages de la famille des Clupéidés qui proliféraient dans ces eaux. Leur abondance au large de Nouadhibou dépassait l'entendement… Je me souviens, cela devait être en 1980, que Jean Marc Granviergne, le chef du camp d'Air Afrique, qui savait que je m'intéressais à l'écologie, me présenta le pilote suisse d'un hélicoptère, qui souvent venait se régaler de mérous ou bars grillés, au restaurant du camp. Il travaillait pour le compte de la FAO (Food and Agriculture Organisation) à surveiller le nombre de navires usines sur zone, pour la plupart soviétiques ou originaires d'anciens pays de l'Est. Le régime communiste des militaires qui venaient de renverser le président Ould Daddah en 1978, donnait contre espèces sonnantes et trébuchantes, néanmoins, la priorité d'attribution des droits de pêche à ces pays « amis ». Le lendemain matin, à peine avions nous décollé, qu'à moins d'un mille de la plage nous survolions dans moins de vingt mètres d'eau, un banc de milliards de sardinelles « escorté » par deux navires « aspirateurs » bulgares. Pour capturer ces poissons destinés à finir en farine destinée aux porcs et aux volailles, la technique la plus rentable consistait, non pas à chaluter ou à senner, mais à aspirer directement dans les cales, ces millions et ces millions de sardinelles… Laissant les marins bulgares à leur aspiration, nous survolâmes le banc qui faisait une centaine de mètres de large, pendant… dix-sept kilomètres… de façon ininterrompue… Et le pilote de me préciser que ce que l'on ne voyait pas depuis l'hélico, c'est que les sardinelles étaient empilées tout du long, sur une dizaine de mètres d'épaisseur. Comme les morues des grands bancs de Terre Neuve ou les anchois du Pérou, la ressource semblait inépuisable, même si les ministres mauritaniens des Pêcheries changeaient de poste tous les six mois, pour qu'un grand nombre d'affidés du régime, puissent bénéficier des pots de vin, qui accompagnaient les attributions de droits de pêche, renouvelés avec chaque ministre.

Jolie courbine mauritanienne prise de nuit avec une grosse lanière de calmar et un cyalume sur l'émerillon. Les lampes frontales étanches de spéléo achetées au Vieux Campeur, nous furent très utiles.

Mais c'est à partir de 1991 avec le rétablissement d'un semblant de démocratie à l'occidentale en Mauritanie, que cette fois de nombreux grands pays industrialisés, au premier rang desquels la France, l'Espagne, la Russie, mais également le Japon et la Corée du Sud, envoyèrent leurs flottes de pêche piller les eaux peu profondes entre le banc d'Arguin et la Baie de l'Étoile. C'était cette fois pour nourrir des cochons et des poulets bretons, danois ou teutons, que des milliards et des milliards de sardinelles finirent en farine et granulés. En moins de vingt ans la ressource fut épuisée et comme les morues de Terre Neuve, pour des raisons de cause à effet qui échappent aux scientifiques, ne se reconstituera probablement jamais. Plus de sardinelles et de mulets, plus de courbines ou de liches, dont ces poissons étaient la principale source de nourriture, sans parler des milliers de ces grands poissons aspirés au passage avec les proies dont ils se nourrissaient.

Les langoustes de nos supermarchés, non plus, ne sont plus de Mauritanie. Quand le régime militaire, en froid avec la France, ne renouvela pas les droits de pêche des pêcheurs bretons aux casiers et leur préféra les professionnels portugais, en trois ans les langoustes furent exterminées jusqu'à la dernière… Les casiers de Douarnenez pendant plus de quatre-vingts ans, avaient effectué des prélèvements pérennes de la ressource, ce qui ne fut pas le cas des filets maillants portugais.

Islamorada et les keys de Floride

Les côtes américaines de Floride et notamment les « Florida Keys » n'ont jamais attiré autant de touristes pêcheurs que ces dernières années. Quinze millions de bateaux de pêche sportive sont immatriculés dans l'État et les retombées économiques du tourisme-pêche sont la première ressource de Floride, loin devant les parcs d'attraction, le golf et le tennis réunis. Dans une des zones les plus urbanisées de la planète, c'est ce miracle « écologico-économique », basé sur le concept du « Catch and Release » (tous les grands poissons de sport, en Floride, doivent être relâchés), qu'il serait bon de faire connaître à nos responsables et décideurs européens, pour qu'on essaye, même à une plus modeste échelle, d'en intégrer le concept, pour sauver nos dernières ressources halieutiques et booster l'économie de régions comme la Bretagne ou le Languedoc-Roussillon.

Si l'on en croit les derniers résultats publiés en 2014 par le ministère de l'Intérieur des États-Unis d'Amérique (ministère qui gère outre-Atlantique, la pêche, la chasse et les parcs nationaux) le chiffre d'affaire généré par la pêche sportive ou récréative dans ce pays s'est élevé à 126 milliards de dollars pour l'année (environ 110 milliards d'euros…). Oui, les retombées économiques de la pêche à la ligne aux États-Unis, sont plus élevées que le trou de la sécu et le budget de l'Éducation Nationale réunis… Et s'il est une région (un État) et une ville qui symbolisent la démesure commerciale de la pêche sportive outre-Atlantique, c'est bien de la Floride et de la petite ville d'Islamorada qu'il s'agit.

Située dans les « middle-Keys », à mi-chemin entre Miami et Key-West, Islamorada allonge ses villas, marinas et motels de pêche, sur plus de dix kilomètres, le long de la fameuse route US One, coincée entre la Baie de Floride d'un côté et le Gulf-Stream de l'autre. On dit que sur la commune d'Islamorada, quand vous êtes sur la terre ferme, la route ou l'un des nombreux ponts qui enjambent les bras de mer, vous n'êtes jamais à plus de deux cents mètres d'une marina de pêche, d'un magasin de pêche ou d'un bar de pêcheurs… Autoproclamée capitale mondiale de la pêche sportive, ce titre n'est pas usurpé. Depuis le bonefish à la mouche traqué sur les flats (hauts-fonds coralliens) dans moins de trente centimètres d'eau jusqu'à l'espadon (Xyphias gladius) à qui l'on présentera un gros calmar sur le fond du Gulf Stream (à 500 m de profondeur) toutes les espèces sportives tropicales sont présentes dans les eaux des Keys de Floride au large d'Islamorada. Plus de quatre cents guides de pêche licenciés y ont établi leurs pénates et des millions de touristes pêcheurs y affluent de janvier à décembre pour y trouver un poisson de sport à mettre au bout de leur ligne…

En hiver on trouve dans les eaux tropicales de Floride toutes les espèces migratrices qui descendent depuis l'estuaire du Saint-Laurent vers des eaux plus clémentes. Au printemps c'est la grande

Mon ami Bruce Miller, un des meilleurs pêcheurs des Florida Keys.

Au coucher du soleil, sur le Swash d'Islamorada, un des flats à plus gros bonefish du monde.

migration des tarpons depuis le golfe du Mexique en passant par Key West qui remontent eux vers le Nord, et s'attardent en avril, mai et juin devant Islamorada. En été, il fait moins chaud dans les Keys de Floride qu'au large de New York ou à Chicago, et la pêche de nombreuses espèces (bararcudas, thons, mérous, snappers etc.), y reste excellente. Enfin l'automne est la grande saison des bonefish et des permits (trachinote) considérés par les pêcheurs à la mouche du monde entier comme les trophées suprêmes, sans oublier dans les profondeurs du Gulf Stream, les véritables espadons dont la pêche de jour dans les très grands fonds, y a été assez récemment découverte. Le plus grand et le plus beau magasin de pêche au monde se trouve à Islamorada et à lui seul vaut le déplacement. Le célèbre bateau d'Hemingway le « Pilar » y trône (et se visite) au milieu d'aquarium d'eau de mer géants ou nagent requins, tarpons et barracudas et d'un « délire » de matériel de pêche dont les Européens n'ont aucune idée. Ancienne barrière de corail effondrée, les Keys de Floride s'étirent sur environ 250 km entre Miami et Key West. Ils sont constitués d'une multitude d'îles et d'îlots, plus de cinq cent en tout, dont les principaux sont reliés entre eux par les ponts de la fameuse route US One, qui commence à la frontière canadienne et s'arrête à Key West, ville la plus méridionale des États-Unis. Key West est

Homossassa 1979. Ce tarpon dont mon guide, John Emery, a évalué le poids autour de 170 livres, était sûrement à l'époque un record du monde sur tippet de 12 livres. Mais il était tout simplement trop beau pour finir sur le crochet d'une balance. Nous le ranimons avec le moteur électrique en marche arrière.

un terminus, pas moyen d'aller plus loin. On ne passe pas par Key West, on y va. Depuis Miami, l'US One joue à saute-mouton avec les îles, sur plus de quarante ponts, dont un de onze kilomètres, et sépare d'un côté les eaux bleu sombre du Golfe du Mexique et de l'autre les eaux vertes du détroit de Floride, coincé entre Cuba et les Bahamas, là où le Gulf Stream prend naissance. Par la route, Key West est à 240 km de Miami, mais à seulement 120 km par la mer de La Havane.

Ces îles dont les plus célèbres sont Key Biscayne (qui fait partie de Miami), Key Largo, Islamorada, Marathon, Big Pine Key et finalement Key West, sont les parties émergées d'une ancienne barrière corallienne, séparant les eaux chaudes du Golfe du Mexique de celles plus fraîches de l'Atlantique. Nulle part ailleurs dans le monde existent une aussi grande diversité et abondance de poissons de sport et ce n'est pas un hasard si l'IGFA (International Game Fish Association, qui réunit plusieurs centaines de milliers de pêcheurs sportifs et homologue les records du monde) a installé son quartier général à portée de « Bertram » de ces eaux riches en marlins, sailfish, requins de toutes espèces, espadons, thons, mérous, wahoos, tarpons, bonefish, permits, barracudas, amberjacks, coryphènes, carangues, etc.

Du côté de l'océan, le tombant ne se trouve qu'à quelques miles au large. Là, les eaux bleues du Gulf Stream descendent à plus de 3 000 mètres de profondeur et abritent tous les grands prédateurs pélagiques : thons, marlins, espadons, requins… Du côté du golfe du Mexique, changement complet de décor et d'acteurs : les « flats », s'étendent sur des millions d'hectares et sont visités par des espèces côtières de lagune ou de récifs : tarpons, permits, snooks, bonefish, carangues, etc.

L'écosystème le plus riche de la planète : les flats sont des hauts fonds vaseux, sablonneux ou calcaires, qui découvrent à marée basse et que le flot recouvre quatre fois par 24 heures. Le « back country » l'arrière pays, comme on appelle toute la région comprise entre la chaîne des Keys et l'extrémité de la péninsule de Floride, est en effet soumis à un double phénomène de marées, celles de l'Atlantique et celles décalées du Golfe du Mexique. Particularité à notre connaissance unique au monde, les pêcheurs peuvent donc y profiter de quatre mouvements d'eau par 24 heures. Or dans les eaux tropicales comme sur nos côtes, ce sont les mouvements de marée qui commandent le passage et l'appétit des poissons marins. Le back-country constitue certainement un des écosystèmes les plus productifs de la planète. À marée basse, ces immenses étendues de vase ou de « marl » (sorte de fond crayeux) sont envahies par des colonies d'oiseaux de mer dont les déjections constituent un engrais naturel et enrichissent les fonds. Sous les chauds rayons du soleil tropical, la photosynthèse atteint là un rendement maximal et d'immenses prairies sous-marines d'herbe à tortue (flore assez voisine de nos prairies de posidonies méditerranéennes) et d'algues diverses poussent à toute allure. Dès la première caresse du flot tiède montant, tout un petit monde d'invertébrés (vers, larves de crustacés, mollusques…) sort du sable ou de la vase et se met à grouiller au milieu des herbiers, à la recherche du plancton. Les grosses crevettes et les « blue crabs » cousins de nos étrilles, sont les premiers à venir profiter de cette manne, dès que la hauteur d'eau atteint quatre ou cinq centimètres. Les poissons comme les bonefish viendront à leur tour sur le flat, quand l'eau vous y arrivera à mi-mollet, puis arriveront des espèces plus imposantes comme les snappers (famille des daurades) et les permits dont les crabes et les oursins sont les proies favorites. Ces derniers attendront qu'un petit mètre d'eau au moins recouvre le haut-fond pour s'y sentir en sécurité. Enfin au cours des deux dernières heures de la marée montante, arriveront les grands poissons comme les tarpons, dont certains pèsent jusqu'à 100 kg et les requins qui croiseront sur les flats avec quelquefois juste assez d'eau pour leur cacher les reins, mais pas les lobes caractéristiques de leurs nageoires dorsales ou caudales.

Pour un pêcheur européen, la richesse et la diversité de la vie marine sur les flats du « back country » est inimaginable. Les pêcheurs américains et les guides professionnels ne s'y intéressent en fait qu'à très peu d'espèces, considérées par eux comme « sportives », c'est-à-dire capables de leur donner du fil à retordre au bout de la ligne et surtout susceptibles de mordre à la mouche… Seuls cinq ou six poissons entrent dans cette catégorie, alors que des dizaines et des dizaines d'autres combleraient d'aise le pêcheur français le plus blasé. Le grand slam ou tiercé gagnant est assurément constitué par le tarpon, le bonefish et le permit. Viennent ensuite le snook, le mutton snapper et accessoirement le barracuda. Les requins ainsi que les carangues (poisson favori des pêcheurs français sur les côtes africaines) y sont généralement dédaignés. Et je ne parle pas ici des raies, dont certaines sur les flats

Aucun autre poisson que le tarpon, dans aussi peu de profondeur d'eau, souvent moins d'un mètre, est capable de telles acrobaties aériennes.

dépassent le poids de 100 livres et que pas un guide américain n'acceptera que vous pêchiez. Pourquoi vous expliquera-t-on perdre son temps à tirer sur un poisson qui ne sait pas nager mais colle au fond, quand tant d'espèces intéressantes, d'un point de vue sportif, sont à portée de lancer. Pour les guides américains, la présence de nombreuses raies sur un flat, est un signe de richesse des fonds en invertébrés de toutes sortes et donc un gage également de la présence des autres espèces comme le bonefish, le permit ou les snappers. Et s'il les dédaigne au bout de leurs lignes, ils chercheront toujours à les repérer, car dans leur sillage, en fait à moins d'un mètre derrière elles, il y aura bien souvent caché par le nuage de vase que leurs ailes décollent du fond, un permit ou un snapper qui profitent de ce balayage de la vase ou du sable pour y débusquer plus facilement un crabe, une crevette ou toute autre proie qui y vit caché.

Bien évidemment, si vos moyens vous le permettent, la meilleure façon de découvrir la pêche sur les flats, dans le Gulf Stream ou sur les épaves du golfe, est de louer les services d'un guide. Entre Miami et Key-West des centaines et des centaines de guides de pêche officient et emmènent les touristes, américains ou étrangers à la recherche d'émotions fortes. Le principal problème avec les guides est qu'ils sont chers, de 450 à 600 $ la journée, mais surtout que les mauvais guides (il y en a) sont au même tarif que les très bons. Et les très bons, sont réservés généralement une ou deux années à l'avance, par les clients satisfaits qui reviennent tous les ans. Si vous voulez tâter du « tout gros », il vous faudra obligatoirement louer un bateau. À notre avis, pour le sailfish (espadon voilier) ou le marlin, il y a de bien meilleures (car beaucoup moins pêchées) et moins onéreuses destinations que la Floride. Ceci étant dit, si à quatre amis, vous désirez tenter votre chance dans le Gulf Stream, il ne vous en coûtera guère que 200 $ par personne pour partager un Bertram de 35 pieds. En revanche, si ce sont plutôt les tarpons, les bonefish, les barracudas, voire les petits requins qui vous intéressent, vous trouverez bien entendu au départ des très nombreuses marinas, des guides spécialisés pour ce type de pêche sur les flats. Leurs bateaux appelés « flat-skiffs », n'ont rien à voir avec les vedettes hauturières pour la pêche au gros. Ce sont de petites embarcations de très peu de tirant d'eau, pouvant naviguer dans un pied de profondeur (30 cm) mais équipées d'énormes moteurs permettant de se déplacer à 50 ou 60 km/h pour aller d'un coin de pêche à un autre.

Dans les Keys, les très bons guides sont généralement réservés une ou deux années à l'avance.

Ce type de bateau se loue autour de 500 $ la journée, mais il n'est pas conseillé d'y être à plus de deux pêcheurs. Bien évidemment tous les guides de pêche en Floride, fournissent généralement avec leurs services, le matériel pour la plupart des pêches envisagées. Enfin pour clore ce rapide survol des innombrables possibilités de pêche dans cette région de Floride, il faut signaler le Parc National des Everglades, que l'on peut rejoindre par la route à partir d'une bifurcation de la US One située au nord de Key Largo, ou par bateau en une demi-heure, à partir d'Islamorada. Les Everglades sont un immense marécage (peut-être le plus grand du monde) ou l'eau douce qui coule de lac Okeechobee finit par se mélanger dans un dédale géant de canaux, de forêts de palétuviers, de lagunes, avec les eaux du golfe du Mexique. Les eaux y sont souvent troubles, mais d'une richesse incroyable en toutes espèces, y compris des tarpons qui sont ici résidents et présents toute l'année, de même d'ailleurs que les moustiques. Les snooks, les redfish (sorte de petits maigres), les barracudas, les mérous, toute une multitude de requins, des dizaines d'autres espèces de poissons ainsi que de très nombreux alligators peuplent les eaux des Everglades. Il est possible auprès des Services du Parc de louer des House-boats, qui vous permettront de partir plusieurs jours en ballade dans la mangrove tout en traînant dans votre sillage une barque ou un canoë pour la pêche. Si vous pêchez aux appâts (crevette, calmar ou morceau de poisson… le succès est garanti…). Aux leurres, il faut employer, compte tenu de la couleur de l'eau des poppers ou d'autres leurres de surface qui attirent les prédateurs embusqués dans les racines de palétuviers (snooks, tarpons, barracudas, snappers…).

À bord du Pilar, Papa scrute la surface miroitante du Gulf-Stream.

Cuba, d'Hemingway à nos jours…

La grande pêche sportive à Cuba ne peut être dissociée du nom d'Ernest Hemingway. Après ses années parisiennes, l'écrivain s'installe à Key West avec sa seconde épouse en 1929. Avec la région des Grands Lacs et le Canada, Key West, séparé de La Havane par un bras de mer de 80 km, est le second haut lieu de la contrebande de l'alcool pendant les années de prohibition aux États-Unis. C'est dans le célèbre bar Sloppy Joe appartenant à un sympathique aventurier pêcheur Joe Russel (dont il fera un des héros de *En avoir ou pas*), qu'Ernest entend pour la première fois parler de Cuba et surtout de ses marlins. Joe Russel l'emmène à Cuba en 1932 pour la première fois à bord du Anita son bateau de contrebande.

Immédiatement Hemingway tombe amoureux de la Grande île, de la vie nocturne de La Havane, de ses habitants et des grands poissons à rostres, espadons et marlins qui migrent dans le Gulf Stream à quelques encablures du Malecon, la grande avenue du bord de mer de La Havane. Pendant les quatre années suivantes, pendant les saisons estivales de migration des marlins, Hemingway prend ses pénates à l'hôtel Ambos Mundos, dont la chambre qu'il occupait est aujourd'hui transformée en un petit musée. Dès la saison 1932 en quatre semaines, il capture 19 marlins, en 1933 il en prend 34 et en 1934 il en suspend 44 au portique du port. Quelques mois plus tard, il réceptionne à Key West le Pilar, le bateau qu'il s'est spécialement fait construire par les chantiers Wheelers de Brooklyn, pour la pêche des marlins. Désormais c'est à bord du Pilar qu'il écumera les eaux du Gulf Stream et de Bimini. En 1939 il achète la Finca Vigia une grande ferme située sur les hauteurs de La Havane et s'y installe avec Mary sa quatrième épouse. Il y passera les vingt dernières années de sa vie, tout en continuant de voyager en Europe, de chasser en Afrique mais surtout de pêcher quand il le désire.

L'équipe du BGFCF emmenée par Gérard Aprile, a remporté trois années la fabuleuse coupe Hemingway. Ici avec notre trésorière en chef, Vava Pouquet.

En 1952 la publication du Vieil Homme et la mer, qui lui vaut le prix Nobel de littérature, signe l'apothéose de ses années cubaines.

En 1959 après le succès de la révolution cubaine, il se dit ravi du renversement de Batista dont les sbires avaient « assassiné », disait-il, Blacky son chien favori dans sa propriété même, alors qu'il était en safari en Afrique. Il sympathise avec Fidel Castro, Che Guevara et les emmène même à la pêche au marlin.

À la mort d'Hemingway en 1961, le gouvernement cubain transforme sa maison en musée (où on peut voir le Pilar en cale sèche à côté de la piscine et des tombes de ses chiens). Le port de plaisance de La Havane est rebaptisé en son honneur Marina Hemingway et certainement le récent rapprochement entre les États-Unis et Cuba, à l'instigation du président Obama et de Raoul Castro, redonnera-t-il un nouveau départ à la grande pêche sportive dans le Gulf Stream au départ de

*Cuba n'est pas seulement une destination pour les marlins du Gulf Stream…
les flats de la grande île sont parmi les meilleurs du monde pour les tarpons…*

La Havane. Il est malheureusement fort à craindre, que la pêche professionnelle aux longues lignes, pendant les décades communistes et soviétiques, dans les eaux territoriales cubaines, n'ait grandement fait diminuer les stocks de marlins et d'espadons du Gulf Stream. Pour y a voir personnellement traîné des leurres à marlins et autres ventres de bonites, en compagnie de mes amis Albert Drachkovitch et Jean Paul Metz, en mai 1982 et juin 1983, en dépit de la propagande communiste qui annonçait des pêches mirifiques, nous n'avons pris que quelques petites coryphènes et barracudas là où Papa, enchaînait les captures de grands marlins bleus. Mais pour rester à Cuba avec le BGFCF, il nous faut ici signaler l'exploit ou plutôt les exploits de l'équipe du Club mené par Gérard Aprile entre 2005 et 2009, puisque Gérard Aprile, Christian Munoz et Norbert Chassery ont remporté en 2005, 2006 et 2009 la prestigieuse coupe Hemingway. Le règlement édicté par Hemingway lui-même en 1950, stipulant que si une équipe nationale, remportait trois fois la coupe, cette dernière pourrait exceptionnellement et pour une année quitter le siège cubain de la Marina pour être exposée dans le Club du pays des vainqueurs. Ce qui fut fait à Paris au siège du BGFCF. Lors du tournoi de juin 2012 où 19 équipes nationales étaient inscrites, l'équipe du Club toujours emmenée par Gérard Aprile a même gagné une quatrième fois le trophée Hemingway, mais le règlement imposant la remise à zéro des victoires lorsqu'une équipe a gagné 3 fois, il faudra encore attendre deux prochaines victoires pour que la coupe puisse revenir en France. Comme sûrement de très bons équipages et bateaux américains seront en lice à partir de l'année prochaine, ce sera sûrement plus difficile. Gérard Aprile nous signale qu'en 2012 sur cinq jours de tournoi, seuls cinq petits marlins ont été enregistrés pour l'ensemble du concours et 19 équipes. Outre le manque de poissons, la mer au large de La Havane avait, paraît-il, tout d'une décharge à ciel ouvert. Le rapprochement américano-cubain, ne changera hélas, sûrement rien rapidement, au manque de poissons et à la propreté de la grande rivière bleue, comme Hemingway appelait le Gulf Stream au large de La Havane.

Languedoc-Roussillon : le retour des grands thons ?

Après une décennie extraordinaire au début des années quatre-vingt, suivie de la quasi-disparition des thons pour cause de sushi, les grands poissons, depuis trois ou quatre ans, sont de retour dans le golfe du Lion.

Août 1982 : 23 thons de 170 kg de poids moyen capturés lors de la première journée du championnat d'Europe de Gruissan. À l'époque le littoral du Languedoc-Roussillon, pour la pêche des grands thons, était bien supérieur aux côtes de la Nouvelle Écosse et de Bimini réunies.

« -Pardon, vous avez bien dit avoir embarqué huit thons rouges ?
- Exact !
- En combien de temps ?
- Cinq jours !
- Des gros ?
- 172 kg de moyenne !
- Vous êtes allé à Bimini ?
- Pas du tout !
- Sur la côte est des États-Unis alors ?
- Tout simplement en France, à quelques milles au large de Canet-Plage, dans le Roussillon ! »

Cette conversation relate l'authentique exploit de l'équipage du bateau « Plouf » du Thon Gruissan Club, réalisé fin juillet 1985. Comme le dit Guy Bonnet, tout avait merveilleusement bien débuté : en quatre jours de concours, 94 thons rouges avaient été capturés, et les pêcheurs s'apprêtaient à faire jeu égal avec la saison 1982. Cette année-là, la quantité phénoménale de thons qui croisaient entre huit et quinze milles de la côte, sur des fonds de 50 à 80 mètres, avait permis de réaliser des tableaux inconnus jusqu'alors. Le record des prises en une seule journée n'avait-il pas été établi à Gruissan avec 23 grands thons ?

L'épopée de la pêche sportive des grands thons rouges (Thunnus thynnus) avait commencé dix ans plus tôt, à la Grande Motte, avec le premier championnat de France de pêche au thon organisé en 1973. Pour la première fois en France, à l'instigation de Pierre Clostermann, les règles de l'Igfa devaient être appliquées, même si ce fut dans une interprétation très méridionale des « choses », il faut bien le dire. Les premières années, les bateaux, quelquefois des « pointus » avec siège de combat bricolé, étaient loin des standards américains, mais il y avait tellement de thons, quand le mistral ne soufflait pas trop fort, que les touches s'enchaînaient et se terminaient une fois sur quatre ou cinq par la capture d'un thon de plus de 150 kg… Les cannes au début étaient en fibre de verre pleine, les moulinets d'antiques Penn Senator, dont le système de freinage grippait plus souvent qu'à son tour, le fil du nylon très raide, généralement de 100/100e, qui au démarrage foisonnait en perruque quand le frein n'était pas bien réglé, mais les poissons étaient en abondance de la mi-juillet au début septembre, sur tout le littoral, et surtout, ils n'étaient pas méfiants et mordaient à qui mieux mieux… Même sur les bateaux un peu plus sophistiqués que les « pointus », du genre Chris Craft, la mode ou la tradition voulait qu'on fixe les sièges de combat à l'avant… Les skippers aimaient bien car ils pouvaient surveiller le pêcheur, l'inclinaison de la canne et la direction du fil, et surtout ainsi, le bateau n'avait pas besoin de reculer sur le poisson… Dans une mer agitée, la position très en hauteur du pêcheur, pouvait pourtant devenir dangereuse, mais surtout comme les cannes en attendant la touche étaient placées à l'arrière du bateau, il était pratiquement impossible, quand un bestiau de plus de cent voire deux cents kilos, avait mordu, de passer à l'avant du bateau, pour s'installer dans le siège de combat, sans être aidé par un ou deux membres d'équipages… Ce qui est bien évidemment contraire aux règles internationales…

Les champions d'Europe 1982. De gauche à droite : Sacha Tolstoï, Jacques Boisvieux, Georges Pouquet et Michel Armani.

Et puis, de championnats en championnats, de casses en décrochages, de déboires en succès, le matériel évolua, les premiers Fin Nor, puis Penn Inter, firent leur apparition sur la côte, pour le plus grand bonheur des marchands d'articles de pêche au parfum, comme le Coin de Pêche à Paris ou Constant Guigo à Antibes… Les bateaux surtout se spécialisèrent, les premiers « sportfishermen » américains, des Bertrams, montrèrent dans les compétitions, leur supériorité à la manœuvre… Les grandes marques françaises, Jeanneau et Bénéteau construisirent sur les conseils de quelques bons skippers du midi, comme Guy Bonnet, des bateaux dédiés à la pêche du thon et nettement plus abordables que les sportfishermen américains… Et au tout début des années quatre-vingt, dans une mer Méditerranée où les thons étaient, tous les étés, aussi abondants, la plupart des concours locaux alignaient trente à quarante bateaux, et le championnat de France jusqu'à 62 bateaux inscrits.

Avec du bon matériel et de bons bateaux, les résultats ne se firent pas attendre : en Août 1981, lors du championnat de France organisé à la Grande Motte, en quatre jours de concours, 24 bateaux (sur 45 inscrits) capturèrent 39 thons pour 6,9 t, soit un poids moyen de 177 kg. Le plus gros poisson pesait 275 kg, mais de bien plus gros spécimen furent perdus en cours de bagarre, voire à la gaffe… En interrogeant les équipages, il ressortait que lors de ce championnat de la Grande Motte, le rapport des touches par rapport aux prises s'établissait autour de 2,5… en nette amélioration en comparaison des premiers concours sept ou huit ans plus tôt, quand moins d'un thon sur cinq ou 6 qui avaient mordu étaient amenés à la pesée. La même année, au Cap d'Agde, en trois jours, 20 thons très gros furent pris, dont un de plus de 200 kg sur ligne de 80 livres, le premier dans cette catégorie de fil en Méditerranée. La semaine suivante au championnat de Valras, un fabuleux record de France de 349 kg était embarqué après six heures de combat…

La saison suivante, en août 1982, fut encore meilleure : en 11 jours de pêche, 114 thons d'un poids moyen de 170 kg furent ainsi capturés en Languedoc-Roussillon à l'occasion des concours de Gruissan, Valras et Cap d'Agde. L'équipe du BGFCF composée de Michel Armani, Georges Pouquet, Jacques Boisvieux et Sacha Tolstoï remporta cette année-là les championnats d'Europe, avec quatre poissons dont deux pris sur des fils de 80 livres. Pour cause de mauvaise météo en août (mistral ou tramontane), les années suivantes 1983 et 1984, se soldèrent par de moins bons résultats lors des compétitions dont les dates doivent être communiquées aux Affaires maritimes quatre mois à l'avance, et ne peuvent être changées en fonction du temps. Mais durant les accalmies, quand on pouvait sortir, les pêcheurs se rendaient vite compte, que les grands poissons étaient toujours bien présents sur zone. La meilleure année aurait dû être 1985, qui avait démarré en fanfare dès la fin juillet, avec 94 gros thons rouges pris en trois compétitions seulement. Cette année-là, comme en 1982 des bancs de plusieurs dizaines de gros poissons cherchaient leur pitance (sardines et maquereaux) à quelques milles de la côte, dans de « petits » fonds de 40 à 50 mètres. Deux facteurs allaient gâcher la fête : début août une soudaine dépression avec mistral soufflant pendant 9 jours, refroidissait les eaux de surface et dispersa les thons à la recherche des sardines et des maquereaux qui avaient plongé dans les eaux plus chaudes du large. Mais surtout le printemps et l'été 1985 marquèrent le vrai début du pillage des thons par les chalutiers et senneurs sètois, qui en l'absence de quotas, effectuèrent des razzias dans les bancs de gros poissons. D'une année sur l'autre les acheteurs japonais avec leurs cargos frigorifiques, s'étaient amarrés dans le port de Sète, et les prix s'étaient envolés, vers des records dont les négociants languedociens n'osaient même pas rêver, l'année précédente…

Août 1981, lors du championnat de France organisé à la Grande Motte, 20 thons de plus de 180 kg furent pris le premier jour.

On ne le savait pas, mais c'était le début de la fin, pour la grande pêche sportive des thons entre Port-Vendres et Marseille, comme d'ailleurs pour l'ensemble des côtes méditerranéennes, espagnoles et italiennes incluses. À partir de 1990 et jusqu'en 2005, la mode des Sushi bars et des restaurants japonais gagnant le monde entier, des dizaines de milliers de tonnes de grands thons méditerranéens furent capturés sur leurs frayères des Baléares, de Chypre et du golfe de Syrthe en Libye. N'eussent été les actions bien relayées par les médias, du WWF et de Greenpeace, obligeant les gouvernements français, italiens et espagnols à instaurer des quotas de prises et surtout à les faire respecter, sans doute l'espèce Thunnus thynnus aurait disparu de Méditerranée.

Aujourd'hui après pratiquement vingt ans d'éclipse, les grands thons de plus de cent kilos, repointent leur nez sur nos côtes, pour le plus grand bonheur des pêcheurs sportifs. Mais sans doute ne sommes-nous pas prêts de connaître de nouveau ce qu'écrivait notre Président de l'époque Sacha Tolstoï dans la revue Big Game Fishing de l'automne 1982 : « A tous les globe-trotters de la pêche au gros, je pose la question suivante : sincèrement, honnêtement, connaissez-vous un seul endroit au monde, où l'on prenne en six jours de pêche, huit à neuf poissons d'au moins 400 livres de moyenne ? Vous pouvez me citer Cairns et peut-être Bimini, pour le reste, je connais votre réponse, elle est négative ! »

Épilogues
1. Lutter...

À Dakar, comme un peu partout en Afrique de l'ouest, les chalutiers industriels ont ruiné la petite pêche côtière artisanale.

Dans tous les pays riches ou industrialisés, la pêche commerciale industrielle est largement subventionnée…

…contre le pillage subventionné des océans

En France, nous savions depuis longtemps, que de même que l'agriculture, la pêche professionnelle dépend pour faire survivre quelques dizaines de milliers de personnes, de fonds publics et de plus en plus européens… Mais rassurons-nous, nous ne sommes pas les seuls, à subventionner la destruction des fonds marins, le pillage des stocks de poissons et le massacre des dauphins et autres mammifères marins, des tortues ou oiseaux qui agonisent noyés dans les mailles des filets des professionnels.

D'après une récente étude américaine, rapportée par Michael Leech (ancien président de l'Igfa), les flottes de pêche professionnelles du monde entier, continuent de travailler en perdant annuellement des milliards d'euros. Sans les milliards d'euros que les gouvernements des pays les plus riches ou industrialisés, injectent « à fonds perdus » dans les différentes branches de la pêche professionnelle, toute la filière serait depuis un demi-siècle en faillite. Sur les quelque quatre millions de navires de pêche, recensés de par le monde, plus des 4/5 resteraient à quai, faute de pouvoir payer le gasoil…

Le grand public pense que la pêche professionnelle est une industrie indépendante. C'est un mythe. Si l'on en croit l'ONG Oceana, basée à Washington, l'ensemble de la flotte mondiale de pêche est 2,5 fois plus importante en capacité de captures qu'elle ne le serait sans les subventions. Continuer à subventionner ce secteur alors que les stocks de poissons dans les océans de la planète ont baissé de 80 à 90 % depuis 1950 relève de l'irresponsabilité totale. Pourquoi dans ces conditions ne pas subventionner également l'industrie du tabac…

Selon les pays, les subventions se font sous différentes formes : fonds locaux, régionaux, nationaux, gasoil détaxé, remboursement sur les pertes de matériel, prêts avantageux et aides financières à la construction des navires sans oublier les « locations de droits de pêche » par les pays riches pour que leurs ressortissants puissent piller les eaux territoriales des pays les plus pauvres de la planète.

Au moins pourrait-on penser que ces subventions, permettent de maintenir assez bas, les prix du poisson pour nourrir une large proportion d'habitants les plus pauvres de la planète. Détrompez-vous, la plupart des flottes subventionnées des pays riches ou industrialisés, ne ciblent que des poissons « de luxe » destinés à nourrir les citadins les plus riches. Thons, espadons, flétans, morues (aujourd'hui c'est un des poissons les plus chers), coquilles Saint-Jacques, crustacés, toutes protéines que ne verront jamais les pays du tiers-monde…

Et pour assombrir encore le tableau, toutes ces flottes subventionnées (européennes, américaines, asiatiques) qui ciblent, soit au chalut, soit aux palangres, ces poissons de luxe, rejettent à la mer annuellement quinze à vingt millions de tonnes d'espèces capturées accidentellement (by catch des anglo-saxons). Ainsi la pêche professionnelle des crevettes dans le golfe du Mexique aux États-Unis, ne peut rester compétitive face aux importations de crevettes d'élevage, que parce que ces dernières sont taxées de 100 % de droits de douane et qu'en outre cette flotte bénéficie de subventions fédérales, locales et d'aide à la construction de bateaux modernes. Quand on sait que pour chaque kilo de crevettes, cette industrie rejette à l'océan (morts ou mourants) 10 kg de bébés poissons, crabes, bébés tortues et autres animaux marins, on aperçoit l'étendue du gâchis…

Pour la pêche aux palangres (long lines) qui ciblent les thons, les espadons, les marlins mais aussi maintenant les requins, un récent rapport du Congrès américain, fait état de 11 000 $ de subvention fédérale par bateau et par an, soit un total de 1,65 millions de dollars pour l'ensemble de cette flotte pour les seuls États-Unis. Les palangriers européens, français, italiens et espagnols toucheraient beaucoup plus…

Le pays qui subventionne le plus ses pêcheurs est le Japon, avec 3 milliards de dollars annuellement, suivi par l'Union européenne 1,4 milliards d'euros et les États-Unis avec 1 milliard de dollars. Pour l'ensemble des flottes mondiales subventionnées, les montants s'élèvent entre 12 et 15 milliards d'euros annuellement. Et tout cet argent est essentiellement utilisé pour piller les stocks de poissons les plus en danger comme les thons, les marlins et les espadons, sans parler du "by catch" et la destruction des fonds marins par les chaluts qui aujourd'hui peuvent opérer à plus de quinze cent mètres de profondeur.

La FAO et plus récemment l'OMC (Organisation Mondiale du commerce), ont bien essayé depuis 2001 de mettre un frein, mais sans succès, à ces subventions de la Pêche, tant la plupart des gouvernements semblent appliquer ici l'axiome bien connu : si une industrie gagne de l'argent, taxez-la, si elle en gagne encore plus, régulez-la et si elle en perd, subventionnez-la.

Un rapport scientifique assez récent publié en mai 2006, par la très sérieuse revue « Nature » (Myers and Worm) faisait état d'une diminution de plus de 90 % des populations de grands

Ces quatre thons de près de 500 kg chaque, capturés au chalut devant Cherbourg, en 2005, ont fini à l'équarissage pour cause de teneur en mercure trop élevée…

poissons prédateurs : notamment thons, espadons, marlins et requins dans les océans du monde entier, au cours des cinquante dernières années. Et certainement depuis dix ans, ces populations de grands poissons en bout de chaîne, ont-elles encore régressé. En dépit de cette étude « alarmiste » et de bien d'autres, dans aucun grand pays industriel, les gouvernements, n'ont essayé d'inverser la tendance vers cet appauvrissement sans retour des océans. Et ce sont les zones côtières tropicales des pays les plus pauvres d'Afrique, d'Asie ou d'Amérique centrale ou latine, incapables de faire respecter leurs droits de pêche dans leurs eaux territoriales, qui ont été le plus pillées, par les flottes de pêche industrielle des pays riches (Europe, Japon, Corée, Russie, Chine…).

En France, c'est Claire Nouvian et son association Bloom (que le BGFCF soutient), une ONG engagée dans la recherche de solutions durables pour les océans, tant du point de vue de la protection des écosystèmes et de la ressource que du maintien des emplois, qui la première a porté cette contradiction des subventions devant le parlement européen. Bloom a révélé en 2013, un rapport crucial et explosif de la Cour des Comptes sur les aides d'État attribuées au secteur de la pêche dans notre pays, entre 2000 et 2009. Ce rapport dont une simple mention avait été faite par un employé du Ministère de l'Agriculture et de la Pêche en 2010 dans le cadre du Grenelle de la Mer, était depuis introuvable.

En 2008, un chercheur de l'Ifremer Benoist Mesnil avait dressé un bilan sans concessions de trente années d'aides d'État à la pêche en France qu'il décrivait comme un « élément intrinsèque » de l'économie de la pêche. Son travail, paru en anglais dans la revue scientifique Ocean and Coastal Management s'était attiré les foudres du secteur de la Pêche comme de la présidence de l'Ifremer, et n'avait connu qu'une diffusion confidentielle dans les médias français malgré sa pertinence et sa nécessité. Benoît Mesnil démontrait que les subventions publiques étaient accordées au secteur de la pêche sans cohérence ou objectifs, et résultaient principalement de la pression exercée par les pêcheurs ou leurs représentants sur les pouvoirs publics. Mesnil y démontrait aussi pour la première fois en France que le montant total des aides à la pêche avoisinait la valeur créée par le secteur (environ 800 millions d'euros d'aides annuelles pour 1 milliard de chiffre d'affaires).

Pour finir, Mesnil décrivait le « tabou » que constituait le sujet des subventions publiques à la pêche en France. Le rapport secret de la Cour des Comptes n'avait pas échappé non plus, à cette véritable omerta. Que contenait-il de si explosif pour que la Cour des Comptes, dont la mission est « d'assister le Parlement dans le contrôle de l'action du Gouvernement, évaluer les politiques publiques et contribuer à l'information du citoyen », accepte de l'étouffer ?

Ce rapport montre que le secteur de la pêche en France ne doit sa survie qu'à l'allocation massive et constante de fonds publics. Ainsi en 2008, en dehors du segment de la pêche industrielle pour lequel les données n'étaient pas disponibles, le cumul des aides représentait 2,5 fois l'excédent brut d'exploitation (EBE) moyen du secteur et quatre fois son résultat net après impôts ! Le document met directement en cause la Direction des pêches maritimes et de l'aquaculture (DPMA) en écrivant que celle-ci « ne dispose pas d'une vue exhaustive des aides au secteur de la pêche, faute de connaître celles des collectivités territoriales » que le rapport décrit comme un « trou noir ». La revue des aides par la Cour mène à la conclusion que les subventions sont « supérieures au chiffre d'affaires si on inclut les aides à la protection sociale » et représentent, « si on ne les inclut pas, un montant significatif de leur chiffre d'affaires et probablement plus de trois fois leur excédent brut d'exploitation, ceci hors dépenses fiscales et aides des collectivités territoriales. » L'analyse de la Cour des Comptes dénonce également les incohérences des aides consenties, qui ne répondent aucunement aux objectifs fixés par le cadre réglementaire européen. Le rapport secret de la Cour dénonce même la contre productivité des aides publiques puisqu'elles ont échoué à maintenir l'emploi, préserver les ressources naturelles et les écosystèmes marins ou endiguer l'érosion économique du secteur. Elles ont en revanche contribué à amoindrir la résilience du secteur de la pêche aux fluctuations des prix du gasoil en empêchant la réflexion sur l'absence de performance économique ou sur la conversion des méthodes de pêche. Les aides publiques ont ainsi « contribué à la pression excessive sur les stocks de poissons, pendant les nombreuses années où prédominaient des aides à la construction et à la modernisation, qui ont accru la capacité de pêche ». L'accroissement de l'effort de pêche « engendre à terme une contraction des stocks de poissons, une diminution des captures et une baisse de la rentabilité des entreprises ».

> La Cour des Comptes dénonce la contre productivité des aides publiques, qui ont échoué à maintenir l'emploi et à préserver les ressources naturelles.

« Élus et pouvoirs publics portent la responsabilité de l'échec du secteur de la pêche qui ne parvient pas à exister sans les ponctions financières massives qui sont réalisées à son profit dans d'autres secteurs rentables de l'économie » poursuit Claire Nouvian. « Ce rapport agit comme une bombe au moment où les parlementaires s'apprêtent à voter un règlement qui propose, en somme, de reproduire les erreurs du passé qui ont mené le secteur et les écosystèmes marins à l'état de sursis dans lequel ils sont. »

Du côté des pouvoirs publics, les politiques d'aides au secteur de la pêche remplissent un objectif principal : l'achat de la paix sociale à court terme. Du côté du secteur, le court terme prévaut également : la survie des entreprises, la protection des investissements, le maintien du modèle économique et écologique actuel. Alors que le constat d'échec est cuisant, nos élus et gouvernements envisagent, sans être passés par l'étape pourtant essentielle d'auto-critique et d'évaluation de l'efficacité des politiques menées, de reproduire les recettes de la catastrophe.

2. Convaincre ceux qui nous gouvernent

Contrairement à la pêche professionnelle, la pêche sportive, elle, n'est pas subventionnée, rapporte énormément et ne détruit pas la ressource. Il serait temps d'y réfléchir ! Un assez récent rapport parlementaire sur la gestion des Pêches (rapporteur : le sénateur Cléach en décembre 2008) nous apprend que les thoniers senneurs modernes (qui coûtent plusieurs millions d'euros l'unité) sont comme d'ailleurs la plupart des bateaux de pêche, largement subventionnés par l'argent du contribuable (aides diverses, européennes et nationales), de même que le gas-oil dont ils sont grands consommateurs, et encore ne connaissons-nous pas tout des fonds locaux et régionaux, des remboursements sur les pertes de matériel, des prêts avantageux et aides financières diverses, des réductions voire suppressions de charges sociales, dont les pêcheurs professionnels bénéficient.

Quand les pêcheurs récréatifs ou sportifs que nous sommes, achetons un « sportfisherman » de 8, 10 ou 12 mètres pour pêcher le thon au broumé ou à la traîne, de quelles subventions bénéficie-t-on ? Si la construction nautique de plaisance française, avec des centaines de milliers d'emploi à la clef, est une des toutes premières du monde, c'est en partie à la pêche de plaisance qu'elle le doit… Quand nous dépensons dans une journée de pêche à la traîne (il faut parfois aller trouver les thons en été à plusieurs dizaines de miles de la côte et traîner pendant des heures) plusieurs centaines d'euros en gasoil, celui-ci n'est pas détaxé et rapporte énormément en taxes à l'État… ce qui permet sans doute de subventionner celui des professionnels. Sans parler des nuits d'hôtels, des restaurants, du matériel de pêche sportive acheté localement et des mille et une petites retombées sur les commerces locaux…

Mais paradoxalement, dans notre pays, aucun responsable socio-économique ou politique ne semble avoir fait la moindre relation entre les retombées touristico-économiques d'une pêche récréative éco-responsable et durable (qui pourraient d'ailleurs être grandement augmentées, compte tenu de l'immensité de notre littoral comparé à celui de nos voisins européens du Nord, clients potentiels…) et le pillage subventionné de la pêche industrielle qui de toute façon court à sa ruine mais va également ruiner toutes les autres filières halieutiques alternatives.

Les retombées en espèces sonnantes et trébuchantes de la pêche récréative pour les seuls États-Unis se chiffrent à environ 75 milliards de dollars annuellement (source Ministère de L'Intérieur USA) dont environ 55 milliards pour la pêche sportive en mer. Si l'on y ajoute, les autres pays anglo-saxons qui ont fait le choix de limiter drastiquement la pêche industrielle dans leurs eaux territoriales pour y privilégier la pêche sportive comme le Canada, l'Australie et la Nouvelle Zélande, on arrive à plus de 70 milliards de dollars, pour les pêches récréatives en mer. En y incluant les retombées économiques liées à la pêche sportive de quelques pays d'Amérique latine « intelligents » comme le Costa Rica, le Panama, le Guatemala et le Mexique (clientèle touristique américaine et européenne), nous approchons des 90 milliards de dollars… Rapprochons ce chiffre maintenant de celui publié en 2010 par la Banque Mondiale qui comptabilisait à 85 milliards de dollars, la valeur des captures sauvages de la pêche commerciale dans le monde.

Quand sous la présidence de Bill Clinton, L'État de Floride, tout d'abord (à l'instigation de l'IGFA), suivi dans les années 2000 par la plupart des états côtiers du Golfe du Mexique et des côtes est et

Aux seuls États-Unis, les retombées économiques de la pêche récréative ou sportive sont évaluées à plus de 75 milliards de dollars (70 billions d'euros) annuellement.

ouest des États-Unis, ont décidé de réserver la majorité de leurs ressources marines et surtout leurs poissons, à la pêche récréative, les pêcheurs professionnels ont fait grise mine, mais ils n'ont pas pour autant bloqué les ports américains, ni brûlé un parlement historique (comme en Bretagne), ni saccagé des supermarchés. Plus de 90 % d'entre eux se sont reconvertis comme guides de pêche et aujourd'hui gagnent beaucoup mieux leur vie qu'auparavant. Au lieu de se lever en pleine nuit pour faire un métier épuisant et dangereux qui leur rapportait de moins en moins, ils se lèvent maintenant comme des employés de bureau, attendent des retraités ou des touristes à 9 heures sur le quai, leur font prendre de beaux poissons, dont la plupart sont remis à l'eau après la photo d'usage et sont de retour au port vers 16h… Ils sont très bien payés, sans parler des pourboires d'autant plus généreux que la pêche a été bonne.

Chez nous aussi, peut-être pas les 40 capitaines de thoniers-senneurs, mais les milliers de petits artisans pêcheurs (ligneurs ou fileyeurs) ou patrons de petits chalutiers, devraient-ils penser à se reconvertir en guides de pêches pour touristes. Il n'y aurait là rien de péjoratif, bien au contraire. Ils gagneraient bien mieux leur vie, feraient partager l'amour de la mer et leur connaissance des poissons à des millions de clients potentiels, citadins, pêcheurs amateurs européens. Allons donc voir aux États-Unis, en Australie ou au Costa Rica, il y a surement quelque chose à faire en France sur le même modèle.

Imprimé par Geers Offset à Gand (Belgique)
Novembre 2015